마음 여행을 결심한
용기 있는 _____ 님께
이 책을 드립니다.

제 마음도 괜찮아질까요?

나의 첫 번째 **심리상담**

제 마음도
괜찮아
질까요?

강현식(누다심) 쓰고, **서늘한여름밤** 그리다

와이즈베리
WISEBERRY

사람들은 행복과 불행 중

흠...

익숙한 것을 선택한다.

익숙한 느낌이야

편안해..

그 익숙한 불행이 더 이상 견디기 어려워졌을 때

괴로워...

더 이상 이렇게 못 살 거 같아...

사람들은 그 고통에서 벗어나기 위해 심리상담을 찾는다.

지푸라기라도 잡아보자...

심리상담센터

하지만 안타깝게도 대부분의 변화와 마찬가지로

여기까지 오느라
너무 힘들었어요...
이제 힘든 것 끝이겠죠?!

심리상담을 통한 변화도 언제나 유쾌하지만은 않다.

헬스장에 가는 게
운동의 끝이 아니라
시작이듯
상담도 마찬가지예요

어어??

변화시킬 수 없는 것들 사이에서

나를 지키며

또한 나를 바꾸는 것은

엄청난 저항을 수반한다.

심리상담을 받는 사람들은 그 마찰을 견디는 사람들이다.

익숙하지 않은 길은 넘어지기 쉽고

새로 익힌 발걸음은 종잡을 수 없을지도 모른다.

새로운 길로 가는 건 쉽지 않은 일이지만

함께 견뎌줄 테니

그 길에서 낯선 행복을 만나게 되기를!

차례

등장인물

철하 : 마지막 학기를 남겨둔 심리학과 학생으로 밝고 쾌활한 성격이다. 은주, 석영, 지선
이가 심리상담과 심리검사를 받을 수 있도록 도움을 준다.

은주 : 중소기업 인사팀에 근무하고 있다. 괴팍한 상사와 마찰이 있었는데, 그 과정에서 아
버지에 대한 트라우마가 되살아나서 마음이 괴롭다.

석영 : 사회학을 전공하는 학생인데, 교양과목으로 듣는 심리상담 수업에서 몇 년 만에 철
하와 재회한다. 복학 전 취업한 직장에서 끔찍한 일을 당한 기억이 있다.

지선 : 미술을 전공한 후 미술 학원 강사로 일하고 있다. 중학교 시절, 남학생들에게 집단
괴롭힘을 당한 경험 때문에 아직까지 남자를 대하는 것이 불편하다.

은영 : 철하의 선배로 대학원생이자 학생상담센터 수련생이다. 석영이가 학생상담센터에
서 상담을 받을 수 있게 도움을 준다.

PART 1

〈 저는 **심리상담**이 **처음**인데요 〉

심리상담은 미친 사람만 받는 게 아니야

"얘들아, 안녕! 오랜만이야."

헐레벌떡 뛰어온 은주가 지선이와 철하에게 인사를 합니다.

"김은주! 너 오늘 너무 늦었어. 지선이랑 나랑 얼마나 오래 기다린 줄 알아? 미안하면 한 턱 쏴!"

"좋아, 오늘은 이 누나가 쏜다! 뭐 먹을래?"

이내 세 사람은 함께 웃고 떠들면서 식당으로 향합니다. 맛있는 파스타와 피자를 먹으면서 웃고 떠드느라 시간 가는 줄 모릅니다. 대학 시절, 동아리에서 만난 세 사람은 같은 전공을 공부한 친구들보다 더 친했습니다. 졸업 후 서로의 진로가 달라진 지금도 6개월에 한 번씩 정기적으로 모임을 가질 정도입니다. 경영학을 전공한 은주는 중소기업 인사팀에서 근무하고 있고, 서양화를 전공한 지선이는 미술 학원에서 아이들을 가르치고 있습니다. 심리학을 전공한 철하는 제대 후 공장을 운영하는 부모님을 돕느라 복학이 늦어져 이제 마지막 학기를 남겨둔 학생입니다.

"철하야, 사실 나 고민이 있어. 상담 좀 해줄래? 너 심리학 전공이잖아."

"야, 친구끼리는 상담해주는 거 아냐. 상담은 전문가를 찾아가서 돈을 내고 받아야 해. 그리고 넌 정말 상담 좀 받아봐. 문제가 엄청 심각해 보여."

철하는 은주의 말을 장난스럽게 받아칩니다. 평소 같으면 은주 역시 지지 않고 대꾸했을 텐데 오늘은 은주의 표정이 좋지 않습니다. 철하는 자기가 말실수를 했나 싶어 걱정이 됩니다. 평소에도 늘 티격태격하는 은주와 철하를 중재하던 지선이가 조심스럽게 은주를 감쌉니다.

"은주야, 철하가 한 말 때문에 기분 안 좋은 거야? 애가 하는 말, 다 장난인 거 알잖아. 그리고 철하야! 그런 말은 누가 들어도 기분 나쁘지 않겠니? 너, 은주한테 사과해."

철하가 사과하려는 순간 은주가 말을 가로막습니다.

"아니야, 지선아. 그냥 요즘 좀 힘든 일이 있어서 그래. 철하가 뭘 모르고 한 말이긴 하지만, 나도 요즘 내 상태가 심각한 게 아닌가 하는 생각이 들기도 하거든."

지선이와 철하는 무슨 말이든 해보라는 듯이 걱정스러운 눈빛으로 은주를 쳐다봅니다. 평소 다른 사람들에게 자기 이야기를 잘 하지 않는 편인 은주이지만, 이들 두 사람은 믿고 함께할 수 있는 친구라는 생각에 마음에 담아두었던 이야기를 꺼냅니다.

> **❝**
>
> 여기서 잠깐!
>
> 상담(相談)은 한자를 봐도 알 수 있듯이, '함께(相) 이야기(談)하는 것'을 의미합니다. 은행에서 하는 투자 상담은 투자를 목적으로 고객과 금융 전문가가 진행하는 것이고, 진학 상담은 상급 학교에 진학하는 것을 목적으로 학생과 담당 교사가 진행하는 것이죠. 세무 상담은 세무 전문가가 납세자를 돕기 위해 진행하고, 고객 상담은 기업이 고객의 불만이나 어려움을 접수하고 처리하기 위해 진행하는 것입니다. 이 외에도 다양한 목적을 가진 다양한 종류의 상담이 있습니다. 이런 관점에서 볼 때 심리상담은 '심리'를 다루는 상담입니다. 심리를 보다 더 구체적으로 표현하면 감정과 사고와 행동이라고 할 수 있습니다.
>
> **❞**

제 마음도 괜찮아질까요?

"최 부장이라는 사람 때문에 요즘 회사 다니기가 싫어. 어느 날 나를 부르더니 말도 안 되는 일로 꼬투리를 잡고 소리를 지르는 거야. 그래서 조목조목 반박했더니, 마구 욕을 하면서 서류를 집어 던지지 뭐야. 눈을 잔뜩 부라리고 소리를 지르면서 욕하는데 너무 무서웠어. 그러고 난 다음부터 출근하기가 너무 힘들어."

은주는 그날 일이 생각났는지 눈물을 보입니다. 지선이와 철하는 함께 분개하면서 은주 편을 들어줍니다.

"은주야, 어느 직장에나 그런 이상한 사람들이 있나 봐. 그래도 다행인 건 다른 직원들도 그 사람이 이상하다고 생각한다며. 그냥 그러려니 하면서 다니면 되지 않을까?"

위로해주는 지선이의 말에 은주가 고개를 끄덕이는데, 철하가 목소리를 높입니다.

"야, 너 그 회사 때려치워. 뭐 그런 사람이 다 있어?"

"그런데 그날 내가 정말 무서웠던 건 나에게 소리 지르면서 욕을 하는 최 부장의 모습을 보면서 우리 아빠가 떠올랐기 때문이야."

은주의 아버지는 은주가 기억할 수 있는 어린 시절부터 대학을 졸업하기 전까지 가족들에게 늘 고함을 치고 욕을 하고 폭력을 휘둘렀습니다. 그러다 퇴직을 한 후 최근 3~4년간 집에서 기죽어 지내다 보니 조금 달라졌을 뿐입니다. 은주가 직장을 다니고 돈을 벌면서부터 아버지는 큰 소리를 내지 않기 시작했습니다. 은주는 그저 다행이라고 생각하면서 어릴 적 받았던 상처를 묻어두고 지냈습니다.

그런데 회사에서 최 부장과 마찰을 빚으면서 은주는 과거의 기억이 떠올라 다시 힘들어지기 시작했습니다. 왠지 지금 자신이 힘들어하는 이유는 직장 상사와의 문제 때문이 아니라 아버지와의 문제 때문인 것만 같습니다. 직장을 옮길까 생각해봤지만, 이상한 사람은 어디에나 있는 법이라 새로 직장을 옮기더라도 이런 일이 또 일어날 것만 같아 두렵습니다. 은주는 지선이와 철하에게 지금 직장에서도 다른 사람들은 다들 그러려니 하고 넘어가는데, 자신만 예민하게 구는 것 아닌가 하는 생각이 든다고 털어놓습니다.

은주는 숨소리도 내지 못하고 눈물을 흘립니다. 그런 은주를 말없이 지켜보는 지선이와 철하는 그녀의 슬픔을 누구보다 잘 이해할 수 있습니다. 동아리에서 친해진 계기도 술자리에서 이런저런 이야기를 나누다가 서로의 힘든 가정사를 알게 되었기 때문이니까요. 힘들어할 때는 어떤 말로도 딱히 위로가 되지 않는다는 것을 잘 알기에 지선이는 은주를 살짝 안아줍니다.

철하는 말없이 손수건을 건네며 말을 꺼냅니다.

"은주야, 기분 나쁘게 듣지 말아줘. 난 네가 진짜로 한 번쯤 심리상담을 받아봤으면 좋겠어."

옆에 있던 지선이는 그 말을 듣고 크게 화를 냅니다.

"심리상담? 야, 너 은주가 정신이 이상하다고 생각하는 거야? 농담이라면 너 정말 실수한 거야. 농담도 때를 가려가면서 해야지."

철하도 지지 않고 지선이에게 따지듯 말합니다.

제 마음도 괜찮아질까요?

"정신이 이상한 사람만 심리상담을 받는 게 아니야. 너도 알겠지만, 우리 마음은 결코 생각대로 움직이지 않아. 마음에도 일정한 법칙이 있고, 원인과 결과가 있어. 그러니까 사람의 마음에 대해 체계적으로 공부한 전문가들을 찾아가서 전문적인 도움을 받으라는 거야. 나도 너희들에게 이야기하지 않았지만, 복학하고 난 뒤 학교에 적응하기 힘들어서 학교에서 심리상담을 받은 적이 있어. 네 말대로라면 나도 미친 사람인 거야?"

철하의 표정은 진지합니다. 심리상담사가 되어 심리상담센터에서 일하겠다는 꿈을 안고 심리학과에 입학했지만, 막상 공부해보니 심리학에는 다양한 분야가 있어서 심리상담가가 될지 아니면 다른 일을 해야 할지, 그것도 아니면 아예 전공과 무관한 일을 해야 할지 고민에 빠졌습니다. 하지만 철하는 심리학이 인간의 마음과 행동에 대한 과학적이고 체계적인 접근법을 다루는 학문으로, 이에 근거해서 상담하는 심리상담가들은 믿을 만한 전문가라는 사실을 잘 알고 있습니다. 심리상담에 대한 오해와 편견이 커서 상담이 필요해 보이는 지인들에게 쉽게 권하지는 못하지만, 정말 아끼는 친구인 은주가 힘들어하는 모습을 보니 도저히 참을 수 없었습니다. 게다가 자신이 직접 상담을 받아보고 크게 도움 받았기 때문에 더 확신을 가지고 이야기할 수 있었죠.

철하와 지선이의 이야기를 듣고 있던 은주가 입을 뗍니다.

"철하야, 마음은 정말 고맙지만 난 두려워. 지선이가 말한 것처럼 심리상담을 받는다는 게 나 자신을 정말 정신이 이상한 사람이라고 인정하는 것처럼 느껴지거든. 영화나 드라마를 보면 심리상담을 받는 사람들은 모두 사회 부적응자들이잖아."

무엇보다 은주는 설령 자신이 그렇게 생각하지 않더라도, 주변에 상담을 받는 사실이 알려지면 어떡하나 하는 걱정이 큽니다. 나중에 직장을 옮길 때 상담 기록이 조회되는 등 다른 불이익이 있지는 않을까 두렵기도 합니다. 한국 사회에서는 아직 '문제가 있는 사람들이 심리상담을 받는다'는 인식이 크니까요.

"은주야, 내가 일하는 미술 학원에서 같이 일하는 선생님 중에도 심리상담을 받은 분이 있어. 처음에 미술 치료를 받다가 심리상담을 받게 됐다는데, 정말 좋았다고 말씀하시더라."

지선이가 은주를 안심시키려는 듯 한마디 거듭니다.

"정말? 그 선생님, 이상한 사람 아니야? 우리처럼 정상적인 분이야?"

은주는 심리상담이 아주 이상한 사람, 소위 '미친' 사람만 받는 것은 아닌지 확인하고 싶은 마음입니다. 보다 못한 철하가 끼어듭니다.

"정 불안하면 심리상담센터에 직접 찾아가보는 건 어때? 어떤 분위기인지 보고, 그곳에서 상담을 받는 사람들이 정말 이상한 사람인지 확인해보면 되잖아. 또 거기서 일하시는 분에게 궁금한 점도 물어보고. 그다음에 상담을 받을지 말지 결정하면 되지 않을까?"

철하는 대학원에서 상담을 전공하는 은영 선배에게 가볼 만한 심리상담센터를 물어보고 알려주겠다고 약속합니다. 은주는 더 이상 도망치지 않겠다고 다짐합니다.

누구나 은주처럼 힘든 일을 겪을 수 있습니다. 이럴 때는 자신이 힘든 이유가 무엇인지 깊이 생각해볼 필요가 있습니다. 아마도 외부 환경이나 내 마음, 둘 중 하나가 문제이기 때문은 아닐 겁니다. 대부분 어려운 외부 환경과 내 마음의 취약한 부분이 부딪혀서 문제가 생기는 겁니다. 그런데 자신이 비슷한 처지의 다른 사람들보다 유독 더 힘들어하는 것 같다면, 내 마음을 돌아볼 필요가 있지 않을까요? 이는 단순히 자신이 약해빠진 사람이라서가 아니라, 과거의 경험 때문일 수 있습니다. 내 마음을 그냥 방치해둔 채 환경만 바꾼다고 해서 문제가 해결될 리 없습니다. 마음의 취약한 부분이 그대로 있는 한 힘든 일은 또 다시 반복되게 마련입니다. 이럴 때는 전문가를 찾아가서 제대로 된 도움을 받는 것이 최선의 방법입니다.

나는 20대 초반에 심한 우울증이 왔고 도움을 받고 싶었다.

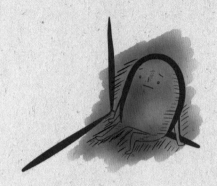

심리상담센터를 몇 번이나 검색해봤지만, 직접 찾아가진 않았다.

접수면담까지 하고도, 본 상담을 받으러 가지 않은 적도 있다.

나를 이해 못하는 거 같아...

＊접수면담
본 상담을 시작하기 전
간단한 상황 파악을 위해한다.
필수는 아니다.

대학원생이 된 뒤 나는 심리상담센터에서 일하게 되었다.

그곳에서 일하면서 정말 많은 사람들을 보았다.

무심히 스치며 본 사람들은 모두 괜찮은 것 같았지만,

어쩌면 괜찮지만은 않을 수도 있다는 걸 알게 되었다.

그리고 그중 누군가는 괜찮지 않은 채로 포기하지 않고

더 나은 삶을 살아가기 위한 노력을 이어가고 있다는 걸 알게 되었다.

나도 진작 심리상담을 받았으면 어땠을까?

그때 나는 내가 도움이 필요하다는 걸 인정하고 싶지 않았다.

아무도 그런 도움을 필요로 하지 않는데,
나 혼자만 문제 있는 사람인 것 같았다.

하지만 실은 나는 우리 모두 중 한 명일 뿐이었다.

지금도 누군가는 심리상담센터를 흘끗 보며 지나갈 것이다.

혹 지금 문 앞에서 망설이고 있는 누군가가 있다면,

괜찮다고, 문 앞에 서서 고민하는 것만으로도
이미 변화가 시작된 거라고 말해주고 싶다.

선생님, 정말 심리상담이 저에게 도움이 될까요?

"○○ 심리상담센터라……. 아니, 도대체 어디에 있는 거야. 이렇게 찾기 힘들어서야……."

며칠 후 은주는 반차를 내고 철하가 알려준 심리상담센터를 찾아갑니다. 거의 다 온 것 같은데 간판이 보이지 않습니다. 주변을 헤맨 지 10분 정도 되자 슬슬 짜증이 올라옵니다. 당장 집으로 돌아가고 싶은 마음이 들지만, 친구들 앞에서 다짐한 것도 있고 스스로 돌아봐도 더 이상 자신의 문제를 방치할 수 없다는 생각에 마음을 다잡습니다. 그때 은주의 눈에 건물 한쪽에 붙어 있는 심리상담센터 간판이 보입니다.

'저기다! 조금만 더 헤맸으면 돌아갈 뻔했네.'

은주는 한숨을 내쉽니다. 겨우 찾았다는 안도의 의미도 있지만, 돌아갈 기회를 놓쳤다는 아쉬움의 의미도 있습니다. 건물 입구를 찾아 들어가 엘리베이터 옆에 붙어 있는 층별 안내판을 유심히 들여다봅니다.

'아, 4층이구나. 돌아갈까? 혹시 여기서 아는 사람이라도 만나면 어떡하지? 아니, 내가 뭐 죄지은 것도 아니잖아? 여기까지 와서 도대체 왜 이러는 건지……. 내가 생각해도 정말 답답하다!'

심리상담센터에 들어가기로 결심한 순간, 은주의 심장이 요동치기 시작합니다. 심장 박동이 얼마나 크게 느껴지는지, 다른 사람들에게 들리지 않을까 하는 말도 안 되는 생각마저 듭니다. 심리상담센터 문을 두드리고 싶은 마음과 그냥 돌아가버리고 싶은 마음이 동시에 듭니다.

제 마음도 괜찮아질까요?

머리가 아플 정도로 마음이 복잡하지만, 이상하게도 두 발은 점점 엘리베이터로 향합니다. 마침 1층에 도착한 엘리베이터 문이 활짝 열립니다. 마치 은주를 환영해주는 것 같습니다. 정작 엘리베이터 문이 열리자 좀처럼 발이 떨어질 생각을 하지 않습니다.

"안 타세요?"

"아, 네! 탈 거예요."

심리상담센터가 있는 4층 버튼을 눌러야 하는데, 계속 망설여지기만 합니다. 왠지 같이 엘리베이터를 탄 남자가 자신을 이상하게 쳐다볼 것만 같습니다. 은주가 주춤거리고 있는데, 남자는 아무렇지도 않게 4층 버튼을 누릅니다.

'아, 이 사람도 심리상담센터에 가는구나. 괜히 망설였네. 겉보기에는 멀쩡한 것 같은데, 왜 상담을 받으러 가는 걸까?'

목적지가 같다는 생각에 반가운 마음도 들고 상담을 받으려는 이유가 무엇인지 궁금하기도 하지만, 무엇보다 자신과 달리 남자의 당당한 모습이 신기합니다.

엘리베이터가 4층에 도착하자, 남자는 곧바로 심리상담센터 문을 열고 들어갑니다. 마치 카페 문을 열고 들어가듯, 아주 자연스러워 보입니다. 뒤늦게 내린 은주는 심리상담센터 문 앞에서 어쩔 줄 모르고 서 있습니다. 유리문 너머로 들여다보이는 그곳은 특별히 이상하다는 느낌은 들지 않습니다. 어정쩡하게 그 앞에 서 있으려니 간간이 나오는 사람들과 들어가는 사람들을 가로막고 있는 꼴이 돼버렸습니다.

'용기내자. 뭐 별일 있겠어? 다들 이렇게 자연스럽게 드나드는데, 누가 본다고 한들 뭐 어때.'

용기를 내 조심스럽게 문을 열고 들어서자 왼편에 있는 안내데스크에서 직원처럼 보이는 사람이 조용히 인사를 건넵니다.

"안녕하세요. 상담 받으러 오셨죠? 성함이 어떻게 되세요?"

안내데스크의 직원은 여느 때처럼 상담 일정표를 훑어보면서 은주의 이름을 묻습니다. 몇 초가 흘렀지만 아무런 대답도 들리지 않자, 직원이 은주를 쳐다봅니다.

"아, 제가 상담을 받고 싶기는 한데 궁금한 게 있어서……. 일단 한번 와봤어요."

"그러시군요. 어떤 점이 궁금하신데요?"

은주는 선뜻 입을 열지 못합니다. 하고 싶은 말이 너무 많아서 무슨 말부터 해야 할지 모르겠습니다. 망설이는 동안 전화가 울리고, '개인 상담실'이라는 명패가 붙은 방에서 나온 중년 여성이 안내데스크로 와 상담비를 계산합니다. '집단상담실'이라는 방에서도 다양한 연령대의 사람들이 우르르 나옵니다. 직원은 전화를 받고 계산을 하고 심리상담센터를 떠나는 사람들과 눈인사를 하느라 바빠 보입니다.

은주는 두리번거리면서 직원과 다시 대화할 틈을 엿보고 있습니다. 그때 한 남자가 집단상담실에서 나옵니다. 심리상담센터를 떠나는 사람들과 가볍게 인사를 하다가 안내데스크 앞에 우두커니 서 있는 은주에게 다가오더니 말을 겁니다.

제 마음도 괜찮아질까요?

"상담 받으러 오셨죠? 잠시 대기실 의자에 앉아서 기다리세요."

낯선 남자가 말을 걸어오자 은주는 당황합니다. 혹시 자신이 아는 사람인가 싶어서 자세히 쳐다보지만, 아는 사람 같지는 않습니다. 자신에게 말을 거는 이 사람은 누굴까 궁금해하는데 직원이 대신 대답해줍니다.

"센터장님, 이분은 상담 때문에 오신 게 아니라 궁금한 점이 있어서 오셨대요. 제가 안내해드리려던 중이었어요."

"아, 그러시군요! 그럼 제가 안내해드려도 될까요? 저는 이곳 센터장입니다."

은주는 센터장이라는 이야기를 듣고 약간 경계심을 느낍니다. 직원에게 그냥 간단히 묻고 돌아가려고 했는데, 생각보다 일이 커진 것 같아 불편한 마음이 듭니다. 그렇다고 센터장의 제안을 뿌리칠 만한 마땅한 이유도 없습니다. 오히려 이제 와서 집에 가겠다고 하면 이상해 보일까 봐 고개를 끄덕이고는 개인상담실로 들어갑니다. 은주는 처음 와본 상담실이 신기합니다. 특별한 것이 있어서가 아니라 오히려 반대로 너무 평범해서입니다.

방문해보신 분들은 알겠지만, 심리상담센터라고 해서 특별한 것은 없습니다. 동네 병원과 비슷하죠. 진료실 대신 상담실이라는 이름만 다를 뿐, 병원처럼 안내데스크는 물론 대기실도 있습니다. 물론 다른 점도 있습니다. 병원의 진료실에는 환자의 질병을 자세히 살펴보기 위한 여러 의료기기가 있고, 의사의 책상에는 차트를 살펴보고 입력할 수 있는 컴퓨터가 있죠. 진료실로 환자가 들어오면 의사는 차트를 작성하기 위해 환자에게 질문만 던질 뿐, 시선을 주지 않는 게 일반적입니다. 그래서인지 병원에 갈 때는 의사와 동등하다는 느낌보다는 왠지 학생부 선생님 앞에 앉아 있는 학생 같은 느낌이 든다는 분이 많습니다.

그러나 상담실은 분위기가 다릅니다. 상담자가 개인 업무를 위해 사용하는 컴퓨터가 있는 경우도 있지만, 상담할 때는 컴퓨터를 사용하지 않습니다. 책상에는 상담을 받기 위해 내방한 '내담자'를 위해 마련된 화장지 정도 외에는 아무것도 없습니다. 상담자와 내담자 사이에 아무것도 거리낄 것이 없다는 의미라고 생각해도 됩니다. 가끔 녹음이나 필기를 하는 경우가 있는데, 이는 어디까지나 내담자가 동의할 경우에만 진행됩니다. 내담자가 동의하지 않으면 절대 녹음이나 필기를 할 수 없습니다.

이런 면에서 상담자와 내담자는 교사와 학생, 혹은 의사와 환자와 달리 친구나 동반자처럼 평등한 관계를 추구합니다. 평등하다는 것은 권

❝

여기서 잠깐!

심리상담센터마다 분위기는 조금씩 다를 수 있습니다. 상담자가 혼자 운영하는 심리상담센터 중에는 아파트나 주택 같은 일반 가정집을 개조한 곳도 있습니다. 이런 곳은 대개 따로 직원을 두지 않고 상담자가 행정 업무부터 상담까지 모든 일을 합니다.

상담실의 분위기 역시 조금씩 다릅니다. 책이나 컴퓨터가 놓여 있는 사무용 책상을 두고 마주 앉기도 하고, 낮은 탁자를 사이에 두고 소파처럼 편한 의자에 마주 앉기도 합니다. 경우에 따라 책상이나 탁자를 두지 않기도 합니다.

❞

　　　　　　　　　　　　　　　　제 마음도 괜찮아질까요?

리의 측면이 아니라 마음의 측면을 말하는 겁니다. 상담자와 내담자가 서로 솔직하게 마음을 주고받아야 상담의 효과가 극대화되기 때문입니다.

센터장은 상담실 구석구석을 살피고 있는 은주를 잠시 지켜보다가 시선이 마주치자 건너편 의자를 가리키며 말합니다.

"여기 앉으세요."

은주는 센터장을 마주하고 앉습니다. 그런데 앉고 보니 센터장과의 거리가 너무 가까워서 조금 부담스럽습니다. 최근 들어 낯선 사람과 이렇게 가까이 마주 앉아본 적이 없다는 생각이 스쳐갑니다.

"궁금하신 부분에 대해 이야기를 나누기 전에 성함을 알 수 있을까요? 제가 뭐라고 부르면 좋을지…….."

"은주예요, 김은주."

"은주 씨라고 부를게요. 괜찮죠?"

은주는 고개만 끄덕입니다. 잠깐 침묵이 흐르고 센터장은 궁금한 것을 물어보라는 듯, 은주를 쳐다봅니다. 한참 망설인 끝에 은주가 겨우 입을 뗍니다.

"선생님, 정말 심리상담이 저에게 도움이 될까요?"

첫
심리상담
시작하기

뭐든 처음이 어렵죠. 심리상담도 그렇습니다.

상담 받으면
좋다고는 하는데…

엄두도 안 나고…

어디서 받아야 할지도
모르겠고…

심리상담 시작하기 어렵지 않아요!

준비물: 돈, 시간, 의지

이 세개만 있으면 됩니다♡

일단 준비물이 얼마나 필요한지 알려드릴게요.

돈 1회에 6만~12만 원
보통 10~20회를
받게 됩니다

심리상담은 정해진 횟수가 있는 건 아니에요.

문제의 성격에 따라
돈과 시간이 허락하는 정도에 따라
달라요!
저는 40회 가까이 받은 적도 있고
100회 넘게 받는 사람도 있어요!

죽지 마! 통장아!

시간은 보통 일주일에 1회 한 시간.

 시간 일주일에 1회 한시간

상담시간은 50~60분
하지만 보통 이동 시간포함해
일주일에 세 시간 정도 비울 수 있어야 해요

상담 받는 날은 일정을 빠듯하게 잡지 않는 게 좋아요.

상담이 끝나면 몸과 마음이
피로할 수 있으니
다음 일정을 무리하게 잡지 않아요

의지도 꼭 챙기셔야 합니다.

 운동이랑 비슷해요
본인의 의지가 없으면 꾸준히 다닐 수 없어요

상담 가기 귀찮다

준비물이 갖춰졌다면 상담 선생님을 찾아봐요.

- 한국상담심리학회
  상담심리사 (1급, 2급)

- 한국상담학회 전문상담자 (1급, 2급)

- 한국임상심리학회 임상심리전문가

- 정신보건임상심리사

- 이외 국가공인자격증들

상담자의 자격증을
확인합시다

상담센터는 웬만하면 가까운 곳을 선택하는 게 좋아요.

너무 멀면 안 가게 됩니다
한두 번 가는 게 아니니
자신의 의지력을 과대평가 하지 마세요

가기 싫어...
한번 갈 때마다 지친다...

상담 비용은 전화로 문의하면 바로 알려줘요.

"안녕하세요 OOO 선생님
개인상담 1회 비용이
얼마인지 알고 싶은데요..."

어디로 갈지 정했다면 전화로 첫 방문 스케줄을 정하면 돼요.

"OOO 선생님께 개인상담을
받고 싶은데 스케줄 언제가
가능하신가요 ?"

상담실은 보통 편안하고 따뜻한 분위기예요.

첫 상담에 가면 왜 상담을 하고 싶은지부터 얘기를 시작해요.

앞에 있는 선생님은 판단하거나 조언해주는 사람이 아니에요.

최선을 다해 도와주려고 있는 분이니 편안하게 이야기해도 괜찮아요.

이렇게 심리상담이 시작됩니다!

제가..
여기 오게 된 건...

어렵지 않아요!

요약

1) 돈, 시간, 의지 준비
2) 상담자 찾기
3) 전화로 비용 문의
4) 스케줄 잡기
5) 첫 상담 가기

"은주 씨, 확실히 해둘 게 하나 있어요. 심리상담이 모든 문제를 완벽하게 해결해주는 '마법의 알약'은 아니라는 점이에요."

생각보다 많은 사람이 심리상담만 받으면 모든 문제가 깔끔하게 해결될 거라고 기대합니다. 사실 한국 사회에선 심리상담에 대한 오해와 편견이 커서 심리상담을 받겠다고 결심하는 것 자체가 어려운 일입니다. 그래서인지 '이렇게까지 큰 결심을 하고 왔으니, 심리상담을 받기만 하면 모든 게 해결될 거야!'라고 생각하는 사람이 많습니다. 그러나 이는 매우 잘못된 생각입니다.

은주는 긴장한 탓인지 센터장이 말하는 내용이 귀에 잘 들어오지 않지만, 자신의 질문에 성실하게 대답해주는 모습에 마음이 조금 놓입니다. 사실 은주는 수다스러운 편이 아니라서 평소 다른 사람과 대화할 때 상대방마저 말수가 적으면 힘들었던 경험이 많아, 심리상담 시간에 어떻게 해야 할지 은근히 걱정이 많았습니다.

"그렇군요. 그런데 선생님, 마법의 알약 정도는 아니더라도 도움은 되겠죠?"

"물론이죠. 상담 효과는 사람에 따라, 도움 받기 원하는 주제에 따라 달라집니다. 하지만 변화하려는 마음이 있고, 변화하고자 하는 목표가 확실하다면, 분명 효과가 있답니다."

"변화라고요? 상담의 목적은 위로가 아닌가요?"

물론 내담자가 상담을 통해 원하는 것이 위로라면 당연히 가능합니다. 정말 고통스럽고 지쳐서 그게 누구든 지나가는 사람이라도 붙잡고 '괜찮다'는 말을 듣고 싶은 경우도 있으니까요. 이럴 때 가족, 연인, 친구처럼 가까운 사람들은 안타까운 마음에 힘들어하는 사람을 위로해주기보다는 책망하는 경향이 있습니다. 이때, 보다 객관적이고 전문적인 심리상담가의 위로는 큰 힘이 됩니다.

　"그런데 이렇게 생각하는 분들도 있어요. 상담자도 따지고 보면 생판 남인데, 그런 사람에게 돈을 내고 받는 위로가 무슨 위로냐고 말이죠."

　은주는 센터장의 말에 실소를 터뜨립니다. 전혀 모르는 사람에게 돈을 내고 받는 위로라니, 자신이 생각해도 그런 위로는 전혀 진심으로 느껴지지 않을 것 같습니다. 그러고 보니, 지인들에게 심리상담을 받을까 고민 중이라고 말했을 때 돌아오는 반응은 대체로 '심리상담으로 위로를 받는다고 해서 네게 무슨 도움이 되겠느냐'는 것이었습니다.

　'심리상담은 나를 치유해줄 마법의 알약'이며 '심리상담의 역할은 위로가 전부'라는 것이 심리상담에 대한 대표적인 오해입니다. 은주를 비롯해 많은 사람이 그렇게 생각합니다. 그래서 정말 상담이 필요한 사람도 '나는 위로가 필요 없다'면서 상담을 거부하는 경우도 많습니다.

　"맞아요. 사실 저도 그런 생각 때문에 오늘 여기에 오기까지 많이 고민했어요."

　혼자서 힘들어했던 시간, 그동안 심리상담을 받고 싶었지만 왠지 모를 두려움과 걱정 때문에 용기를 내지 못했던 시간이 은주의 눈앞에

주마등처럼 스쳐갑니다.

심리상담의 목적을 위로와 변화 중 하나에만 국한시킬 필요는 없습니다. 물론 변화하기 위해선 현재 상황에 대한 이해와 위로가 필요한 게 사실입니다. 또 힘들어하는 사람에게 필요한 진짜 위로는 말뿐만이 아닌 실질적인 변화인 경우도 많습니다. 그러나 한국의 심리상담에서 위로보다 변화를 강조하는 이유는 따로 있습니다.

서양 사람들은 남의 인생에 간섭하거나 개입하지 않으려는 성향이 강해서 친구 사이라도 힘든 이야기를 털어놓지 않고, 털어놓더라도 자신이 해결할 수 없는 일이라면 들어주지 않는 경우가 많습니다. 이때, 서양 사람들은 마음의 전문가인 심리상담가를 찾아가 자신의 이야기를 털어놓고 공감과 위로를 받습니다.

반면, '나'와 '너'보다는 '우리'가 우선시되는 한국에서는 사정이 다릅니다. 한국 사람들은 친구라면 상대가 필요로 할 때 언제든지 함께해줘야 한다고 생각합니다. 위로와 지지를 곁들여서 말이죠. 자신의 여건이 어떻든 상관없이, 심지어 자신의 돈과 시간을 써야 할지라도 아끼지 않고 친구의 아픔을 함께하는 것이 미덕이고 올바른 사람됨이라고 여깁니다. 상황이 이렇다 보니 친구 관계만으로도 위로와 공감이 충분히 해결되기 때문에, 우리나라 사람들은 심리상담을 받을 때 변화를 기대하는 경향이 있습니다. 변화는 자신이 투자한 돈과 시간, 마음에 합당한 결과인 셈이죠.

센터장은 내심 은주의 이야기가 궁금합니다. 어떤 일 때문에 심리상담이 필요하다고 느꼈는지 묻고 싶습니다. 은주의 얼굴에 간간이 우울과 불안이 스치는 것을 보며 안타까운 마음도 듭니다. 그러나 개인적인 이야기를 묻기 시작하면 자연스럽게 심리상담으로 이어질 수 있기 때문에 묻지 말아야겠다고 다짐합니다. 심리상담은 내담자의 분명한 요청으로 시작돼야 하기 때문입니다.

"선생님 말씀을 듣고 보니 저 역시 돈을 내고 받는 위로보다는 다른 무언가를 원한다는 생각이 들어요. 그런데 그것을 변화라고 말씀하시니 좀 억울하네요. 힘든 마음은 대부분 다른 사람이나 환경 때문이거든요. 정작 변화가 필요한 것은 힘들어하는 그 사람이 아니라 주변 사람이나 환경 아닐까요? 그런데 그들은 변할 생각도 없고 변할 의지도 없는데, 오히려 힘들어하는 당사자가 변해야 한다니 잘못된 것 아닌가요?"

은주는 아버지와 최 부장의 얼굴이 떠오릅니다. 순간 두 사람이 폭언을 퍼붓던 모습이 머릿속을 가득 채우며 두려운 마음마저 듭니다. 이내 억울함이 몰려오면서 눈시울이 붉어지고 눈물이 흐르기 시작합니다. 센터장은 탁자 위에 있는 화장지를 뽑아서 은주에게 건넵니다. 은주는 눈물을 닦고 마음을 가다듬으려는 듯 길게 숨을 내쉰 뒤 말합니다.

"죄송해요."

은주의 말처럼, 아이러니하게도 정작 변화가 필요한 사람들은 심리상담을 받으러 오지 않습니다. 알코올중독 같은 심각한 문제를 지닌 남편이 아니라 그 남편 때문에 힘들어하는 아내가 심리상담을 받으러 오고, 폭언으로 딸에게 상처를 입힌 아버지가 아니라 상처 받은 딸이 심리상담을 받으러 오는 경우가 허다하죠.

　신체의 건강처럼 마음의 건강에도 역설이 존재합니다. 운동을 열심히 해야 할 사람들은 헬스장에 오지 않는데, 올 필요가 없을 정도로 건강한 사람들은 열심히 와서 매일 운동을 합니다. 마찬가지로 심리상담에 관심을 갖고 심리상담을 받으려는 사람은 그 자체로 이미 건강한 마음의 소유자일 가능성이 높습니다. 정작 심리상담이 필요한 사람들은 심리상담센터에 찾아오지 않습니다. 그래서 '문제를 초래한 사람은 따로 있는데 나만 왜?'라며 억울한 마음을 호소하는 경우도 많습니다.

　그러나 우리의 삶은 관계로 맞물려 있습니다. 따라서 누군가 먼저 기존 틀을 깨는 변화를 시작하면 상대방도 변하지 않을 수 없습니다. 이런 측면에서 심리상담을 받는 사람의 변화는 주변 사람들의 변화를 만들어낼 수도 있습니다.

　"죄송하긴요. 울고 싶을 땐 참지 말고 우세요. 적어도 상담실에서는 감정을 느끼고 표현하는 것이 얼마든지 자연스러운 일이니까요."

　"네, 심리상담을 받게 된다면 그렇게 해볼게요. 그런데 선생님, 마음이 힘든 것도 모자라 변화해야 한다는 부담까지 가져야 할까요?"

　"은주 씨, 잘잘못을 따져서 가해자와 피해자를 구분한다면, 심리상담을 받으러 오시는 분들은 피해자에 가까운 경우가 많죠. 그러나 상대가 변하지 않고 환경이 변하지 않는다고 해서 자신의 삶을 포기할 순 없잖아요. 그들이 변하지 않더라도 내가 변한다면 더 편하고 행복하게 살 수 있답니다."

은주는 다시 흐느끼기 시작합니다. 어떻게든 울음을 참으려고 해보지만 뜻대로 되지 않습니다. 센터장은 은주가 조금이라도 편하게 느낄 수 있도록 말을 잠시 멈추고 가만히 은주를 바라봅니다. 은주가 흘리는 눈물의 의미가 슬픔인지, 억울함인지, 아니면 다른 감정 때문인지 궁금하지만 이해하지 못할 눈물은 아니라는 생각에 마음이 저려옵니다.

"그래도 변하고 싶지 않아요, 저는."

은주의 심정도 이해갑니다. 그러나 누구라도 변화를 거부할 순 없습니다. 사람은 살아 있는 한, 원하든 원치 않든 계속 변하게 마련이니까요. 매일 보는 가족의 외모도 실은 변하고 있습니다. 아이들은 매일 조금씩 성장하고, 어른들은 매일 조금씩 늙어가죠. 너무 미세한 변화라서 알아차리기 쉽지 않지만요.

마음도 마찬가지입니다. 어떻게든 변화하고 있죠. 그런 관점에서 우리가 선택할 수 있는 것은 변화의 유무가 아니라 변화의 방향 아닐까요? 내가 원하는 쪽으로 변할지, 아니면 그저 흘러가는 대로 변할지는 우리의 선택에 달려 있습니다. 심리상담은 우리가 더 나은 방향으로 변할 수 있도록 도와주는 수단입니다. 보다 나은 변화를 위한 구체적인 방법을 알려주고, 변화의 과정에서 꼭 필요한 연습과 시행착오도 잘 겪어낼 수 있도록 돕는 것이 심리상담가의 역할입니다.

변화를 위해 필요한 것

"그렇다면 상담을 받기만 하면 좋은 방향으로 변화할 수 있을까요?"

"그러기 위해선 두 가지가 필요합니다. 바로 변화의 목표와 동기입니다."

"선생님, 변화의 목표는 그냥 더 나은 방향, 좋은 방향 아닌가요?"

은주의 말이 맞습니다. 그런데 '더 낫다' 혹은 '좋다'라는 것의 기준은 개인마다 다릅니다. 어떤 사람은 사이가 좋지 않은 가족과 함께 마음을 나눌 수 있으면 행복할 것 같다고 말하고, 모두들 자기를 싫어한다는 생각에 친구들과 연락을 끊고 지내는 사람은 그들과 다시 연락하며 지내고 싶다고 합니다. 어떤 대학생은 발표 불안이 너무 심해서 이것만 극복할 수 있으면 좋겠다고 하는 경우도 있습니다. 이렇게 원하는 것이 분명해야 심리상담이 시간 낭비, 돈 낭비가 안 될 수 있습니다. 그리고 심리상담을 통해 원하는 것에 얼마나 가까이 갔는지 평가할 수 있고, 심리상담을 끝낼 시기에 대한 기준을 잡을 수도 있습니다.

"예전에 제가 심리상담을 했던 어떤 분은 그저 행복해지고 싶다고 하시더군요. 그래서 제가 행복이 무엇이라고 생각하느냐고 되물었는데, 행복에 대한 기준이 분명하지 않아 대답하지 못하셨어요."

"그래서 그분은 결국 심리상담을 받지 못하셨나요? 그렇다면 저 역시 심리상담을 받을 자격이 없겠네요. 전 제가 어떻게 변해야 하는지 모르겠어요. 힘들기는 한데, 무엇이 잘못되었는지도 모르겠고요. 그냥 마음이 복잡해요."

은주는 고개를 숙이고 잠깐 생각에 잠깁니다. 자신이 왜 이곳을 찾아왔는지 스스로에게 질문을 던져봅니다. 상담의 목적이 위로가 아니라 변화라면, 과연 자신에게 필요한 변화는 무엇일지 생각해봅니다. 하지만 딱히 떠오르는 게 없습니다.

"제 말이 은주 씨에게 제대로 전달되지 않은 것 같군요. 자신이 원하는 것을 분명히 알아야 심리상담을 받을 자격이 된다는 것이 아니라, 심리상담을 받을 때는 분명한 목표가 있어야 한다는 의미입니다. 자신이 원하는 것이 무엇인지 잘 모른다면 상담자와 함께 심리상담의 목표를 정할 수도 있어요. 행복해지고 싶다던 그분 역시 저와 함께 목표를 정했고, 심리상담을 잘 진행했습니다. 어떤 분은 처음부터 자신의 목표를 분명히 정해서 오기도 하지만, 심리상담을 진행하다 보면 목표가 바뀌기도 하죠."

심리상담이 친구들끼리 수다를 떠는 것과 구별되는 점은 이야기의 주제와 목표, 그리고 목적이 있느냐 하는 것입니다. 보통 수다는 특별한 목적도 없고, 대화 주제도 가리지 않아 다양한 이야기를 나누기 때문에 잡담(雜談)이라고도 합니다. 그런 측면에서 심리상담은 처음부터 마지막까지 오로지 목표를 중심으로 이루어집니다.

제대로 훈련받은 상담자라면 초반에 심리상담에 대한 오리엔테이션, 상담자와 내담자의 책임과 권리, 그리고 심리상담의 목표와 상담비 지불 등 심리상담 전반에 대해 함께 이야기하고 마음을 나눕니다. 마치 병원에 갔을 때 의사가 환자에게 어디가 아파서 왔는지, 얼마나 심하게 아픈지, 얼마나 오래 아팠는지 등을 묻는 것처럼요. 이런 과정을 통해 치료의 목표를 잡는데, 이를 '구조화'라고 부릅니다.

심리상담도 마찬가지입니다. 제대로 훈련받은 상담자라면, 구조화를 성실하게 이행합니다. 상담자는 내담자에게 어떤 이유로 심리상담을 받으려고 하는지, 어떤 경로로 심리상담센터를 방문했는지 묻습니다. 더불어 원활한 심리상담을 위해 가족력과 생활환경, 이전의 심리상담 경험이나 정신과 진료 이력 등 다양한 정보를 수집합니다. 그리고 심리상담 계획을 세우면서 심리상담의 틀을 잡습니다. 센터장은 은주에게 친절하게 구조화 과정을 설명해줍니다.

"그렇군요, 선생님. 목표를 확실히 몰라도 상담자와 함께 이야기를 나누면서 결정할 수 있다고 하니, 다행이에요. 제가 좀 걱정이 많은 편이거든요. 선생님이 보시기에도 제가 좀 답답하죠?"

은주는 걱정스러운 얼굴로 센터장을 쳐다봅니다.

"오히려 용기 있게 보이는데요. 많은 분이 은주 씨처럼 용기내서 심리상담센터를 방문하지 못하고 고민만 한답니다."

"좋게 봐주셔서 감사해요. 그럼 변화하고자 하는 동기가 있어야 한다는 말은 무슨 뜻인가요? 친구와 수다를 떠는 것이 아니라, 돈과 시간을 내서 일부러 심리상담을 받으려는 것 자체가 변화를 원한다는 의미 아닌가요?"

심리상담의 목표가 상처를 치유하려는 것이든, 더 나은 삶을 만들려는 것이든, 모든 변화는 일단 내담자의 가장 아픈 상처를 건드려야 합니다. 기억하기 싫은 지난 일을 다시 꺼내야 할 수도 있고, 자신의 못난 모습을 계속 확인해야 할 수도 있습니다. 악기를 능숙하게 다루기 위해서는 선생님 앞에서 잘하지 못하는 부분도 보여야 하고, 아픈 곳을 치료 받기 위해서는 의사에게 환부를 드러내서 의사가 약을 바르도록 해야 하는 것처럼 말입니다. 환부를 건드리는 순간 상처를 입었을 때보다 더 큰 고통을 느낄 수도 있는데, 그 고통이 싫다고 환부를 감추려고 하면 치료는 불가능합니다. 물론 고통을 느끼지 않도록 환자에게 마취할 수도 있지요. 그러나 마음은 마취를 할 수 없습니다. 마음의 고통은 그저 견딜 수밖에 없는데, 그나마 다행인 것은 혼자가 아니라 상담자와 함께할 수 있다는 점입니다.

"변화의 동기는 이런 어려움을 이겨낼 수 있을 정도로 강력해야 합니다. 당장 심리적으로 힘들어서 상담을 받으러 왔는데, 변화의 과정이 너무 고통스럽게 느껴져서 포기하시는 분도 많거든요."

변화하는 과정에서 겪게 될 고통을 이겨낼 수 있을 만큼 변화의 동기가 강력해야 한다는 말에 은주의 표정이 어두워집니다.

"그 말씀을 들으니 가슴이 답답해지고, 더욱 걱정되네요. 그런데 선생님, 아픔을 참고 견디기만 하면 변화할 수 있을까요?"

"처음 보는 문제를 풀려고 하거나, 이전에 다뤄보지 못했던 악기를 배우려는 상황이라면 잘못하는 부분을 빨리 드러내 선생님에게 배우면 됩니다. 이런 경우는 비교적 빠르게 변할 수 있습니다. 그러나 학생이 어떤 문제를 오랫동안 잘못된 방법으로 풀어왔다거나, 악기를 제대로 배운 적이 없으면서 자기만의 방법대로 악기를 다루어왔다면 어떨까요?"

"자신에게 이미 익숙하고 몸에 밴 기존의 잘못된 방식을 버려야 하니 더 힘들고 어렵겠죠."

"맞아요. 성인이라면 누구나 주변 사람과 환경에 적응하기 위해 나름의 방법을 찾게 됩니다. 설령 그것이 자신과 타인을 힘들게 하는 것일지라도 말이죠. 심리상담은 자신을 편하게 만들 새로운 방법을 배우고 습득하는 과정이기도 한데, 기존 것을 포기하고 바꿔야 하기 때문에 변화가 쉽지만은 않지요."

게다가 기존 방식을 포기하기 어렵게 만드는 강력한 요인이 있습니다. 바로 익숙함입니다. 익숙함은 곧 편안함이라고도 할 수 있습니다. 반면 어색함은 굉장한 거부감을 줍니다. 사람들은 제아무리 나쁜 것이더라도 익숙하면 받아들이고, 좋은 것이더라도 어색하면 거부합니다. 심리상담을 통해 나에게 익숙하지만 고통스러운 것을 포기하고, 어색하지만 좋은 것을 시도하라고 제안하면 상당한 저항감이 생기게 마련입니다. 한 번도 가보지 않은 길을 걷는 것은 흥분되고 설레기보다는 두렵고 불안하게 느껴지는 일이니까요. 결국 이런 불안을 이기지 못한 사람들은 기존 방식대로 살겠다며 새로운 변화를 시도할 기회인 심리상담을 포기합니다.

은주는 자신의 경험에 비추어서 그 의미를 이해할 수 있었습니다. 회사에 다니면서 잦은 야근과 과도한 업무로 체력이 부쩍 약해졌다는 생각이 들어서 헬스장에 등록한 적이 있습니다. 그러나 운동을 하러 아침에 일찍 일어나는 것이 힘들고, 억지로 일어나서 운동을 하더라도 상쾌하기는커녕 몸이 더 아프기만 한 것 같았습니다. 운동 때문에 스트레스를 받아서 몸이 더 약해지는 것처럼 느껴지기도 했습니다. 해보지 않은 일이기에 불편했던 것처럼, 심리상담도 그와 비슷하다면 정말 쉽지 않을 거라는 생각이 듭니다.

하지만 은주는 물러설 수 없습니다. 최근 자신에게 벌어지고 있는 상황과 자신의 마음 상태를 봐서는 말이죠.

**심리상담은
용기있는
사람이 받는다**

이런 질문을 받을 때가 있다.

보통 어떤 사람들이
심리상담을 받아?

나는 '용기있는 사람'이 받는다고 대답하고 싶다.

자신의
불완전함을
인정하는 용기

타인의 도움을
수용하는 용기

가 있는 사람들이
심리상담을 받아!

심리상담을 받는다는 것은
자신이 완벽하지 않다는 점을 인정하는 것이다.

너 요새 괜찮아?
좀 힘들어 보여

뭐래~
나 괜찮아!

ㅋㅋ

ㅋㅋ

때로는 힘들다는 걸 인정하는 게
힘든 걸 견디는 것보다 더 힘들다.

나의 불완전함을 받아들이고

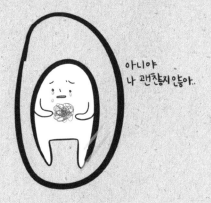

상담실로 들어가기까지
적어도 나에게는 천근과 같은 용기가 필요했다.

그리고 상담실에 들어가서는 더 큰 용기가 필요했다.

심리상담은 상담자라는 타인과 나의 취약한 부분을
공유하고 도움을 받는 일이다.

나는 그런 약한 내 모습을 인정하기 힘들었다.

언제나 내 문제는 스스로 해결해야 한다고 배우며 자랐다.

그래서 '내 마음'의 문제에 대해 도움받는 건 한심하다고 생각했다.

하지만 심리상담을 받으면서 느꼈다.

결국 스스로 문제를 해결하기 위해 도움받는다는 걸.

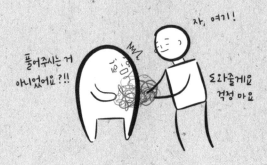

회의하지만

포기하지 않고,

때로 좌절하지만

절망하지 않는

그런 용기있는 사람들이 심리상담을 받는다.

마음을 나누는 일인데, 상담비라니?

센터장은 은주 뒤편에 있는 시계를 흘긋 봅니다. 본래 시간을 효율적으로 쓰는 습관이 몸에 배어 있기 때문이기도 하지만, 상담자로서 시간과 장소라는 '틀'의 중요성을 잘 알고 있기 때문입니다. 물론 은주와의 대화가 본격적인 심리상담은 아니지만, 이후의 일정 때문에 시간을 확인해야 했습니다. 센터장은 은주가 부담을 느끼지 않도록 시계를 흘긋 보려고 했지만, 눈치 빠른 은주는 이내 알아차립니다. 사실 은주는 센터장을 따라 상담실에 들어온 순간부터 마음이 불편했습니다.

"제가 이렇게 시간을 계속 뺏어도 되는지 모르겠어요. 전 정말 안내데스크에서 간단히 몇 가지만 물어보고 가려고 했거든요."

"괜찮아요. 은주 씨가 아니라 제가 먼저 제안드렸는걸요. 원래 개인상담 약속이 있었는데 어제 그분이 일정을 뒤로 미루셔서 여유 시간이 좀 있습니다. 제가 원해서 하는 일이니 전혀 부담 갖지 않으셔도 돼요."

"혹시……."

은주는 궁금합니다. 센터장이 이렇게 호의를 베푸는 것은 무슨 의미일지, 이 방을 나가면서 상담비를 계산하라고 하는 것은 아닌지 확인하고 싶지만 쉽게 입이 떨어지지 않습니다.

"네, 말씀하세요. 상담실에서는 어떤 이야기든 어떤 감정이든 허용되니까요. 더 확실하게 말하자면, 상담실 밖의 기준이나 잣대로는 허용되지 않는 생각이나 감정을 느끼더라도 상담실 안에서는 솔직해져야 한

답니다."

"그럼, 용기내서 여쭤볼게요. 이렇게 저와 대화를 나눠주셨는데, 혹시 이것도 심리상담인가요? 제가 상담비를 지불해야 하나요?"

어렵게 이야기를 꺼낸 은주에게 센터장이 미소를 지어 보입니다.

"지금은 심리상담을 받으시는 게 아니고 제가 심리상담에 대해 안내해드리는 것뿐입니다. 사실 저도 은주 씨가 심리상담센터를 찾아오게 된 이유가 궁금하지만 은주 씨가 아직 심리상담을 받을지 결정하지 않으셨잖아요. 이런 상황에서 제가 은주 씨의 이야기를 묻는다면 그것은 은주 씨를 위한 것이 아니라 단순한 제 호기심을 위한 것이 되지 않겠어요? 상담자는 자신의 호기심을 채우기 위해서 질문을 던지지는 않는답니다."

은주는 센터장의 말이 모호하다는 생각이 듭니다. 지금 하는 것은 심리상담이 아니라는 것 같은데, 그래서 상담비를 내라는 것인지 내지 않아도 된다는 것인지 명확한 답을 듣고 싶습니다. 필요하다면 돈을 낼 의향도 있기 때문에 용기를 내서 한 번 더 물어봅니다.

"저, 그래서 상담비는……?"

"아, 제 말은, 심리상담이 아니니까 상담비는 안 받는다는 의미입니다, 하하."

어색해 보이는 센터장의 웃음에 은주도 미소를 짓습니다. 그러면서 걱정스러운 마음에 질문을 던집니다.

"그런데 이렇게 장사하셔도 돼요? 심리상담도 돈을 벌기 위해서 하는 일이잖아요."

"그래서 제가 아내에게 구박을 좀 받는답니다."

은주의 표정과 말투에 센터장은 웃음을 터뜨립니다. 예민한 질문에 넉살 좋게 넘어가는 센터장을 보면서 은주는 갑자기 궁금한 점이 생겼습니다.

"선생님, 제가 잘 몰라서 하는 소리일 수도 있지만 심리상담은 사람의 마음을 다루는 일이잖아요. 그런데 심리상담을 받기 위해 돈을 지불해야 한다는 것이 좀 이상하다는 생각이 들어요. 심리상담을 하시는 분들은 어떤 마음으로 심리상담을 받으려는 사람을 만나는지 궁금하기도 해요. 손님이라고 하나요, 고객이라고 하나요?"

"영어로는 클라이언트라고 하고, 우리말로는 상담실에 내방해 상담을 받는다는 의미로 내담자라고 하죠."

"내담자라, 좀 생소하네요. 아무튼 내담자를 만날 때 상담자는 어떤 마음인가요? 다른 서비스업처럼 돈을 목적으로 한다면 굉장히 슬플 것 같아요."

은주는 나이가 들고 세상을 알아갈수록 무섭다는 생각이 자주 듭니다. 세상에 공짜는 없다지만, 모든 세상사가 돈을 중심으로 돌아가는 현실이 괴롭습니다. 심지어 부모와 자식, 형제와 친구 사이에도 서로의 마음보다 돈을 더 중요시하는 경우를 너무 많이 봤으니까요. 그런데 상담자와 내담자는 너무나 중요한 마음을 나누는 사이인데, 또 한편으로는 돈을 거래하는 서비스 제공자와 수요자의 관계라는 생각이 들자 혼

제 마음도 괜찮아질까요?

란스럽습니다.

분명 내담자의 마음보다 돈이 우선인 상담자도 있습니다. 특히 요즘에는 제대로 공부하거나 훈련 받지 않고 심리상담센터를 운영하는 사람이 많은데, 이 경우에는 내담자의 마음보다 돈을 우선시할 수도 있지요. 그러나 제대로 훈련받은 상담자라면 내담자의 마음과 상담비 사이에서 절묘한 균형을 잡습니다.

"만약 내담자가 심리상담을 진행하고 싶지만 돈이 없다고 하면, 돈이 우선인 상담자는 내담자에게 상담 서비스를 제공하지 않겠죠. 그러나 많은 상담자가 내담자의 사정을 세심하게 고려한답니다. 상담비를 나중에 내라고도 하고, 내담자가 낼 수 있는 만큼 깎아주기도 하죠."

"악의적으로 상담비를 떼먹으려 든다면요?"

"아, 물론 그런 일은 가능하고, 또 실제로 일어나기도 해요."

심리상담에서 모든 일은 경제 논리가 아니라 상담자와 내담자 사이의 신뢰를 토대로 진행됩니다. 무작정 물건을 사고팔듯 깎아주거나 외상으로 처리하는 것이 아니라, 내담자의 행복과 변화가 상담자에게 중요하다는 의미로 받아들여질 수 있도록 말입니다. 경제적으로는 손해를 볼지도 모르지만 내담자의 행복과 변화에 도움이 된다면, 상담자는 어느 정도 손해를 감수하기도 합니다.

"상담자는 성직자 같아야겠네요."

"성직자요?"

"적어도 성직자들은 처음부터 돈을 벌려고 그 일을 선택하는 게 아니잖아요. 물론 요즘 뉴스를 보면 성직자들도 돈 때문에 일한다는 생각이 들기도 하지만요."

"어떤 면에서는 그렇게 생각할 수도 있겠네요. 처음부터 돈을 목적으로 상담자가 되겠다고 결심하는 사람은 없는 것 같아요. 하지만 성직자와 달리 경제활동을 해야 하기 때문에, 상담자에게 돈은 참 민감한 주제랍니다."

최근 수익을 목적으로 하는 기업형 심리상담센터가 우후죽순 늘어나고 있습니다. 물론 이런 곳에서 일하는 분들도 대부분 훈련받은 전문가이지만, 회사에 소속된 직원인 처지라 회사가 정한 상담비를 깎아주거나 유예할 수 있는 권한이 없습니다. 기업형 심리상담센터에서는 일반 서비스 회사처럼 다양한 할인 행사를 진행합니다. 하지만 이는 회사 차원의 행사일 뿐, 내담자와 상담자 사이의 신뢰에 근거한 고려와 배려는 아닙니다. 그런 측면에서 센터장이 은주에게 말한 '절묘한 균형'은 상담비가 온전히 상담자의 몫으로 돌아오는 경우에만 적용된다고 볼 수 있습니다.

"제 생각에는 상담비가 너무 비싸지 않나 싶어요. 외국에는 보험이 적용되는 경우도 있다고 하던데, 우리나라는 병원이 아닌 이상 불가능하죠?"

"네, 안타깝게도 그렇죠. 그런데 상담비의 기능 중 하나는 심리상담에 대한 동기부여랍니다. 다소 부담스러운 상담비는 심리상담 과정에 더 몰입하게 만들고, 그동안 투자한 돈이 아까워서라도 쉽게 그만두지

제 마음도 괜찮아질까요?

못하게 하는 장치가 되기도 하죠."

이런 이유로 어떤 상담자들은 상담비를 깎아주거나 상황에 여유가 생겼을 때 낼 수 있도록 유예해주는 것에 반대하기도 합니다. 이들은 그런 식의 배려가 결국 내담자의 동기를 저하시키고 무책임을 강화할 뿐이라고 역설합니다.

"정말 그럴 수도 있겠네요."

"하지만 잘 훈련된 상담자라면 내담자가 호소하는 경제적 어려움이 정말인지 아닌지 파악할 수 있습니다. 저 역시 내담자가 단지 핑계를 대는 것이라고 판단되면 상담비를 깎아주거나 유예해주지 않습니다. 그래서 절묘한 균형이라고 말한 거예요."

　은주는 절묘한 균형이라는 말의 의미를 알 듯 말 듯합니다. 돈을 주고 받는 서비스이긴 하지만 돈이 먼저는 아니라니, 내담자의 성장과 변화가 상담자에게도 중요하기 때문에 경우에 따라서 외상이나 할인이 가능하다니, 아무래도 심리상담을 직접 받아보기 전까지는 상담자의 마음이 어떤지 알기 어렵겠다는 생각이 듭니다. 그러다가 갑자기 상담비에 대한 궁금증이 생깁니다.

　"선생님, 돈 이야기라서 조금은 껄끄러운데요, 그래도 용기내서 여쭤볼게요. 상담비는 보통 얼마나 하나요?"

　센터장은 은주의 질문을 듣고 아주 잠시 생각에 잠깁니다. 은주는 자신이 난처한 질문을 한 것은 아닌지 걱정됐지만, 센터장의 얼굴은 난처하다기보다는 대답을 어떻게 해야 할지 고민하는 표정입니다.

　"상담비는 상담자마다 너무 달라서 제가 어떻게 말씀을 드려야 할지 모르겠어요. 그래도 제가 알고 있는 정보들을 종합해보면, 회당 6만~15만 원 정도라고 할 수 있겠네요."

　물론 상담자의 자격이나 경력에 따라 차이는 있지만, 전문가라고 불릴 정도의 학력과 경력일 경우에는 회당 6만~15만 원 정도가 가장 보편적입니다.

　"어때요? 은주 씨 예상이랑 비슷한가요?"

　센터장이 물어보자 은주는 곰곰이 생각해보더니 난처한 표정을 짓습니다.

"비슷하긴 한데, 역시 굉장히 비싸네요. 심리상담이 그만큼 도움이 되고 투자할 만한 가치가 있는 일이니까 그렇겠지만, 심리상담에 대한 이해가 없는 저 같은 사람들에게는 터무니없이 비싸게 느껴져요."

센터장은 은주의 이야기에 충분히 공감합니다. 자신도 심리상담을 받으면서 정말 뼈저리게 느꼈던 부분이기 때문입니다. 심리상담을 받을 때는 상담자가 되려고 결심한 이후였기 때문에 20회 정도 진행되는 심리상담을 끝까지 받았지만, 만약 상담자가 될 마음이 아니었다면 중간에 포기했을지도 모른다는 생각을 자주 했습니다. 그래서 은주의 말에 고개를 끄덕입니다. 그러다가 문득 생각난 듯 은주에게 질문합니다.

"은주 씨, 집단상담은 어떨까요?"

"네? 집단이라면 부부나 가족이 함께하는 상담을 말씀하시는 건가요?"

"그건 부부상담과 가족상담입니다. 진짜 부부와 진짜 가족이 모두 함께 상담을 받는 것이지요."

"아, 그런 형태의 상담도 가능하군요. 그럼 부부상담과 가족상담은 개인상담보다 더 비싸지 않나요?"

"맞아요. 시간도 더 오래 걸리고, 상담비도 두 배 정도 비싸죠."

"제가 지금까지 교제했던 사람들을 떠올려보면, 제가 아무리 함께 상담을 받으러 가자고 해도 거부할 것 같아요. 저희 아버지는 말할 것도 없고요. 휴……."

"특히 우리나라에서는 개인 문제로 상담을 받는 중년 남성들의 경우,

가족과 함께 오는 것을 자존심 상해하더라고요. 사실 개인상담에서 다루는 문제는 대체로 부부나 가족의 문제라서 실제로 부부나 가족이 오면 효과가 더 좋지만, 여러모로 힘든 게 현실이죠."

은주는 잠시 자신의 가족을 생각합니다. 가능하다면 아버지와 어머니, 동생을 모두 데리고 와서 서로의 마음을 속 시원하게 듣고 서로간의 갈등을 해결하고 싶습니다. 그러나 권위적인 아버지, 타인에게 행복해 보이는 삶을 사는 것이 인생의 목적인 것 같은 어머니, 자신의 내면에는 전혀 관심 없는 동생을 생각하니 막막하고 답답해집니다. 센터장은 은주가 자신에게 집중해주기를 기다렸다가 눈이 마주치자 다시 말을 이어갑니다.

"그런데 제가 말한 집단상담은 부부상담이나 가족상담이 아니에요. 상담자와 일대일로 마주 앉아 회당 50분 정도 진행하는 개인상담과 달리, 집단상담은 한두 명의 상담자와 열 명 정도의 집단원으로 구성되고 회당 두 시간 정도 진행하는 형태예요. 이런 집단상담은 비용이 보통 개인상담의 절반 미만이라고 생각하시면 돼요."

센터장은 자신이 은주에게 아주 좋은 정보를 주었다는 생각에 표정이 환해지지만, 은주는 집단상담이라는 말에 오히려 미간이 살짝 찌푸려집니다.

"다른 사람들이 있는 곳에서 제 이야기를 하라는 말씀이세요? 저도 다른 사람들의 이야기를 들어야 하잖아요. 그런 집단상담이 과연 저에게 무슨 도움이 될까요? 제가 경제적으로 여유가 없기는 하지만, 집단

제 마음도 괜찮아질까요?

상담은 좀 아닌 것 같아요."

사람들이 단지 경제적 이유 때문에 집단상담을 선택하는 것은 아닙니다. 수많은 연구 결과에서 집단상담의 효과가 개인상담을 뛰어넘는다는 것이 밝혀졌습니다. 미국의 정신과 의사인 어빈 얄롬(Irvin D. Yalom)은 자신의 책에서 "지금까지 개인상담과 집단상담의 효과를 비교한 논문을 분석했을 때, 집단상담의 효과가 개인상담보다 못하다는 논문은 한 건도 발견하지 못했다. 집단상담의 효과는 개인상담과 같거나 더 좋았다"라고 말하기도 했을 정도입니다.

집단상담이 개인상담 이상의 효과를 내는 이유는 '관계'에 초점을 맞추기 때문입니다. 많은 사람이 집단상담이라고 하면 여러 사람 앞에서

여기서 잠깐!

집단상담은 진행 방식에 따라 몇 가지 종류로 구분할 수 있습니다. 먼저 주제가 있는지에 따라 구조화 상담과 비구조화 상담으로 나뉩니다. 구조화 집단상담은 보통 학교 심리상담센터에서 진행하는 '자존감 향상을 위한 자아 탐색 집단'처럼 분명한 주제가 있고, 매 회 함께 나눌 이야기가 정해집니다. 반면 특별한 주제를 정하지 않아서 자연스럽게 '지금, 여기'에 초점을 맞추면서 대인관계를 다루는 비구조화 집단상담도 있습니다. 또 전체 주제는 있지만 리더의 재량에 따라 주제 안에서 보다 자유롭게 이야기를 나누는 반구조화 집단상담도 있습니다.

모임의 주기에 따라서 구분하기도 하는데, 연달아 며칠씩 진행하는 마라톤 집단상담과 매주 모임을 갖는 위클리 집단상담이 있습니다.

마지막으로는 집단원의 구성에 따라서도 구분할 수 있습니다. 처음에 시작한 집단원 중 일부가 상담을 끝내더라도 마지막까지 새로운 사람을 받지 않는 폐쇄형 집단이 있고, 중간에 상담을 끝내는 사람이 생기면 새로운 사람을 받는 개방형 집단도 있습니다.

얄롬이 말한 개인상담 이상의 효과를 내는 집단상담은 비구조화, 개방형, 위클리로 진행되는 경우입니다.

자신의 가족이나 과거 이야기를 꺼내야 할 것이라고 생각합니다. 물론 제한된 기간 동안 집단원이 바뀌지 않고 진행되는 집단상담 경우, 이런 이야기를 나누기도 합니다. 하지만 매주 모이는 집단상담은 자리가 있다면 중간에라도 참여할 수 있고, 특정한 주제를 정하지 않기 때문에 자연스럽게 대화의 주제가 '관계'로 모아집니다.

이런 집단상담은 참여한 기간이 사람마다 다르고, 해결하고자 하는 문제도 조금씩 다르기 때문에 개인의 과거사보다는 '지금, 여기'에서 벌어지는 감정과 생각에 더 집중하게 됩니다. 집단상담의 구성원들끼리 서로 관계를 맺으며 함께하는 경험을 중요시하고, 그 과정을 통해 개인의 우울이나 불안을 감소시키고, 자신과 주변 사람들의 마음을 돌아보게 하는 효과가 있습니다. 집단상담을 받으면서 새로운 관계를 맺다 보면 자연스럽게 치유되고 성장하며, 더 나아가 가족이나 친구 등 주변 사람들과의 관계까지 개선된다는 센터장의 설명에 은주는 놀라움을 금치 못합니다.

"신기하네요. 집단상담을 받는 사람들끼리 관계를 맺고 그 속에서 마음을 나눈다는 게요."

"맞아요, 아주 신기하죠. 서로 모르던 사람들이 매주 모여서 솔직하게 서로에 대한 마음을 나누다 보면 자신의 가족이나 친구에게 느꼈던 다양한 감정을 느끼게 됩니다. 사람은 과거의 경험을 통해 현재를 살아가기도 하니까요."

집단상담에서는 굳이 자신의 사연을 새삼스레 들춰내 이야기하지 않아도 자연스럽게 집단 속에서 과거를 재경험하는 과정을 거치게 됩니다. 그 과정을 통해 치유의 목적을 이룰 수 있고, 다양한 사람들과 마음을 주고받으면서 관계 훈련도 할 수 있습니다.

"그럼 집단상담은 개인상담과 차이가 없나요? 단지 개인상담은 상담자와 일대일, 집단상담은 상담자와 일대다수로 만나는 것만 다른가요?"

"개인상담은 주로 자신의 이야기를 털어놓고 싶은 경우에 권합니다. 다른 사람들과 마주 앉아서 관계를 맺기 힘들 정도로 마음이 힘든 경우에도 개인상담을 추천합니다. 그러나 개인적인 문제에서 조금 벗어나 타인과의 관계에서 어려움을 겪는다면 집단상담이 효과적이라고 생각해요. 물론 낯선 사람들과 마주 앉아서 새로운 관계를 맺고 소통할 수 있는 마음이 있어야 가능하겠죠."

이런 측면에서 개인상담의 목적이 치유라면, 집단상담의 목적은 치유를 넘어선 인간관계 훈련이라고도 할 수 있습니다. 실제 사회에서는 앞에서는 안 그런 척하면서 뒤에서 욕하고 헐뜯기도 합니다. 집단상담에서는 이런 소모적인 인간관계를 맺지 않습니다. 어떤 마음이든 상대에게 직접 표현하고 소통하도록 독려하기 때문입니다.

"차라리 앞에서 대놓고 이야기하면 당장은 기분 나빠도, 바꿀 부분은 바꿀 수 있을 텐데 말이죠."

"잘됐네요, 은주 씨. 집단상담에서는 바로 그렇게 하거든요! 당장 갈등이 생기더라도 오히려 자신과 상대의 관계를 탐색할 수 있는 좋은 기회로 삼지요."

은주는 순간 깜짝 놀랍니다. 전에 친구들끼리 수다를 떨면서 사람들이 서로에게 아주 솔직해지면 좋겠다는 이야기를 한 적이 있거든요. 마치 평소 하지 못했던 이야기를 솔직하게 털어놓는 '야자타임'이나 취중진담처럼 말이죠. 그런데 집단상담에서 실제로 그런 일이 일어난다고 하니 놀라지 않을 수 없습니다. 은주는 집단상담 이야기를 들을수록 흥미롭습니다. 게다가 상담비도 저렴하다니 마음이 확 끌리는 것 같습니다.

사실 따지고 보면 우리의 힘든 마음은 대부분 관계의 문제에 기인하는 경우가 많습니다. 은주도 난폭한 아버지 때문에 힘든 시절을 보냈지요. 실제로 심리상담센터를 찾아오는 내담자들 가운데는 어린 시절 자신을 학대한 부모와의 관계, 학창시절 친구들로부터 왕따를 당한 경험 때문에 오랜 시간 마음 아파하며 이후의 인간관계에서 어려움을 겪은 사례가 많습니다.

"선생님, 그런데 이렇게 좋은 집단상담을 사람들은 왜 잘 모르는 걸까요? 보통 상담이라고 하면 개인상담을 생각하잖아요. 저도 그랬고요."

"아무래도 문화적 영향 때문 아닐까요. 한국 사람들은 어린 시절부터 타인의 시선을 신경 쓰고 밖에서 자신이나 집안의 속사정은 말하지 말라고 들으면서 자라죠. 그래서 다른 사람 앞에서 무언가 이야기한다는 것을 부담스러워하는 것 같아요."

제 마음도 괜찮아질까요?

모두를 통해
나를
마주하는 힘

나는 일 년에 한 번 정도 집단상담에 참여한다.

다녀올 때마다..
굉장한 경험...

개인상담이 자기 이해를 위해 상담자와 함께 노력하는 과정이라면,

그럴지 거기를
좀더 파보자!

집단상담에서는 모두의 노력을 통해 각자를 발견하게 된다.

그래서 혼자 갈 수 없었던 깊은 곳까지 다다르게 될 수도 있다.

예상치 못한 경험이어서 무서웠지만
함께 있어 덜 무서울 수 있었다.

처음 본 사람들끼리 서로의 이야기를 들으면서 울었다.
불쌍해서가 아니라 그 슬픔이 무엇인지 알기에.

다들 아무렇지 않게 어른의 삶을 살아가고 있지만,

마음속에는 울고 있는 아이가 한 명쯤 있는지도 모른다.

집단상담에서 우리는 어른을 잠시 벗어두고
울고 있는 아이인 채로 만났다.

집단상담을 통해 나의 두려움을 만날 수 있었고

슬프고 상처받은 마음 그대로 누군가에게 안길 수 있었다.

내 마음의 차갑고 딱딱한 무언가를 깨트릴 수 있었던 그 힘은

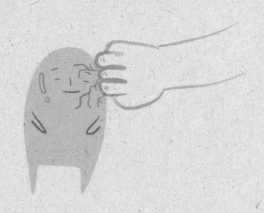

집단의 힘이었던 것 같다.

"그런데 선생님, 지금 얼마나 시간이 있으세요? 마지막으로 한 가지만 더 묻고 싶어서요. 바쁘시면 지금까지 답변해주신 것만으로도 충분히 감사해요."

센터장은 일정표를 들여다보고 시계를 확인한 뒤 말합니다.

"15분 정도 가능해요. 궁금한 점이 있으면 더 물어보세요."

"선생님 덕분에 심리상담에 대한 오해가 많이 풀렸어요. 어떤 마음으로 상담을 받아야 할지도 알게 됐고요. 그리고 집단상담이라는 것도 알게 되어서 어떻게든 심리상담을 받아야겠다는 쪽으로 마음이 기울었어요. 그런데……"

"어떤 부분이 아직 걸리시나요?"

"선생님 말씀처럼, 저도 다른 사람들의 평판에 신경 써야 한다고 들으면서 자랐어요. 그래서 심리상담을 받고 싶지만, 주변의 시선이 두려워요. 제가 심리상담을 받는다는 것이 알려져서 사람들이 저를 이상한 사람으로 보면 어쩌죠?"

사실 은주도 심리상담센터에 오는 사람들이 정말 '미쳤는지' 확인해 보기 위해 이곳을 찾은 것입니다. 종종 영화나 드라마에서 심리상담을 받는 사람들이 나오는데, 대부분 이상하게 표현되곤 합니다. 뜬금없이 소리를 지르거나 누구도 이해하지 못할 말을 혼자 중얼거리는 모습으로 말이지요. 은주도 영화는 영화일 뿐이라고 생각하지만, 막상 자신이 심리상담을 받고 싶다고 지인들에게 고민을 털어놓자 그들의 시선이 예사롭지 않음을 느꼈습니다. 은주는 매우 어렵고 조심스럽게 질문했는데, 센터장이 아무런 말 없이 은주를 뚫어져라 쳐다봅니다. 은주는 순간 자신이 너무 무례한 질문을 한 것은 아닌지 걱정됩니다.

"왜 그렇게 쳐다보세요?"

그러자 센터장은 은주의 말에 무슨 뜻이냐는 듯 눈을 동그랗게 뜹니다. 센터장은 이제껏 은주의 모든 질문에 친절히 답해주었는데, 지금은 아무런 반응 없이 침묵하자 은주는 매우 당황스럽습니다. 센터장마저 자신을 이상한 사람이라 생각하는 것 같다는 확신이 들어서 은주는 고개를 푹 숙입니다.

"은주 씨, 지금 무슨 생각을 하고 있는지 궁금해요. 말씀해주시면 좋겠어요."

"선생님도 저를 이상한 사람이라고 생각하시는 거죠? 아직도 이렇게 말도 안 되는 생각을 하는 사람이 있나 싶어 그렇게 보시는 거죠?"

"제가요? 전혀 아니에요. 저를 쳐다보면서 질문해주시면 어떨까요? 제 마음을 추측하기보다는! 부탁이에요."

누군가와 대화할 때 우리는 너무나 자연스럽게 상대방의 마음을 추측합니다. 자신의 마음을 직접 말로 표현하거나 상대방의 마음을 대놓고 물어보는 것은 한국 사회에선 일종의 금기처럼 받아들여지기 때문일 겁니다. 그래서 한국 사람들은 직접 묻기보다는 상대방의 표정을 통해 눈치껏 행동하고 반응해야 한다고 생각하는 경향이 강합니다. 이 때문에 온갖 추측과 해석이 난무하는데, 이는 결국 심리적 고통이나 관계의 단절로 이어지기 쉽습니다.

이런 문제를 극복하기 위해서는 심리상담을 할 때만이라도 아주 사소한 것까지 상담자에게 물어봐야 합니다. 마치 어린아이가 부모에게 시시콜콜한 것까지 질문하는 것처럼 말이죠. 만약 상담자가 하는 말을 믿을 수 없다면, 믿어질 때까지 물어봐야 합니다. 그런 과정을 계속 거치다 보면 자연스럽게 상대방의 마음을 정확하고 적절하게 이해할 수 있게 됩니다. 내담자들은 종종 자신의 질문이 상담자에게 무례하게 느껴질까 봐 망설이는데, 심리상담은 어디까지나 내담자를 위한 활동이기 때문에 당당해질 필요가 있습니다.

은주는 당장이라도 상담실을 뛰쳐나가고 싶습니다. 평생 다른 사람의 시선 때문에 힘들게 살아온 은주는 자신을 물끄러미 쳐다보기만 하는 센터장의 눈빛이 두렵기만 합니다. 그러나 일면식도 없는 자신을 위해 시간을 내준 센터장의 정중한 부탁에 한 번 더 용기를 내봅니다. 고개를 들고 센터장과 눈을 마주치면서 어렵게 입을 뗍니다.

"제가 좀 전에 사람들의 시선이 두렵다고 했을 때, 선생님은 제가 이상하게 보이셨나요? 아직도 그런 고리타분한 생각을 하는 사람이 있냐며 비난하고 싶으셨나요?"

이제껏 은주의 주변 사람들은 사소한 것까지 물어보는 그녀에게 유별나다, 뭐 그런 것까지 궁금해하냐, 의심 좀 하지 마라, 혹은 너는 정말 이상한 사람이다, 라고 말했습니다. 이번에도 다르지 않을 것이라고 생

제 마음도 괜찮아질까요?

각하는데, 센터장이 입을 엽니다.

"아니요, 그렇게 생각하지 않았어요. 은주 씨가 걱정하는 부분이 너무 당연하고 이해할 수 있는 것이라서, 뭐라고 답해줘야 할지 마땅한 말이 생각나지 않아 고민하고 있었을 뿐이에요."

센터장은 큰 목소리로 힘주어 말합니다. 은주의 걱정에 공감한다는 것을 분명하게 전달하고 싶어 하는 것처럼요. 자신의 예상과 다른 대답에 은주는 순간 멍해집니다. 은주는 계속 센터장을 쳐다봅니다.

"은주 씨, 제 말을 들으니 어때요? 믿어지나요?"

"네. 아, 아니, 모르겠어요. 선생님이 거짓말을 하실 분은 아닐 테고……. 저를 이상하다고 보시지 않는 게 느껴지긴 하는데, 확실히 믿어지지는 않아요."

"충분히 그럴 수 있어요. 저는 은주 씨가 어떻게 살아왔는지 모르지만, 주변 사람들의 시선과 평가 때문에 많이 힘드셨을 것 같다는 생각이 드는군요. 그런데 비단 은주 씨만 그런 것은 아닙니다. 우리는 대부분 어려서부터 타인의 시선에 예민하게 반응하도록 훈련 받습니다. 이런 분위기 때문에 은주 씨처럼 많은 사람이 심리상담을 받으려고 결심했다가도 주변 사람들의 시선이 두려워서 주저하지요."

센터장의 말을 들으니, 많은 사람이 자신과 비슷한 경험을 한다는 데 안도감이 느껴집니다. 센터장이 자신을 이상한 사람으로 보지 않는다는 것도 이제 확실히 믿어집니다. 만약 이렇게 직접 물어보지 않았다면 은주는 센터장이 자신을 이상하게 본다고 확신했을지도 모릅니다. 그런데 은주는 타인의 시선 때문에 갖게 된 막연한 두려움의 실체를 직접 용기 있게 확인했습니다. 실제로 센터장의 대답은 은주의 예상과 완전히 달랐습니다. 여러분도 심리상담을 받고 있다면, 주변 사람들의 시선 때문에 막연하게 걱정하기보다는 은주처럼 직접 확인해보는 것은 어떨까요?

"무슨 말씀인지 알 것 같아요. 직접 확인하면 제 생각과 다를 수도 있다는 말씀이죠?"

"맞아요. 물론 은주 씨를 이상하게 보는 사람이 있을 수도 있어요. 반면 심리상담을 받기로 결정한 은주 씨를 용기있다고 생각할 수도 있고, 또 별다른 생각을 하지 않을 수도 있어요. 내색은 안 하지만 어쩌면 상대방도 심리상담을 받은 경험이 있을 수도 있고요. 그런데 주변 사람들의 시선 때문에 나에게 필요하다고 생각하는 것을 포기해야 한다니 왠지 억울하지 않나요?"

"우리 모두 각자의 삶이 있고, 제 행동이 누군가에게 피해를 주는 것도 아니니까요. 제가 모든 사람을 만족시킬 수 있는 것도 아니고요."

"은주 씨, 정말 멋져요. 지금 하신 그 말은 저도 주변 사람들의 시선 때문에 너무 힘들었던 시절, 집단상담에 꾸준하게 참여하면서 깨달은 사실이에요. 그런데 은주 씨는 저와의 대화를 통해서 금세 깨달았네요!"

센터장은 다시 한 번 자신의 생각과 추측을 직접 확인하는 것이 얼마나 중요한지 알려줍니다. 정서적으로 가깝지 않은 사람에게 묻는 것은 실례가 될 수 있지만, 상담자를 포함해 가족이나 친구처럼 정서적으로

제 마음도 괜찮아질까요?

가까운 사람에게는 직접 묻는 것이 마음의 건강을 지키는 데 중요하다는 점을 강조합니다.

그리고 또 한 가지, 많은 사람이 심리상담을 받기 전에 궁금해하는 것이 바로 비밀보장이나 상담 기록이 남는 것에 관한 내용입니다. 심리상담에서 가장 중요한 원칙은 바로 비밀보장입니다. 이는 상담자의 전문성에 관한 것이자 의무이기도 합니다. 상담자가 내담자의 사례를 교육이나 수련, 저술을 위해 공개하기를 원한다면 반드시 내담자의 동의를 얻어야 합니다. 이 경우에도, 내담자의 이름과 인적 사항을 바꾸는 것은 기본입니다. 상담자가 상담 사례에 대해 지도감독을 받기 위해서 녹음하는 경우도 있는데, 이 역시 내담자의 동의를 얻어야 합니다.

"인터넷을 검색해보니, 심리상담은 보험이 적용되지 않기 때문에 기록이 외부로 공유되지 않고, 상담자는 심리상담을 위해 최소한의 기록

여기서 잠깐!

심리상담센터가 아니라 정신과에서는 병원의 다른 과가 그렇듯 보험을 적용하기 위해 의료 기록을 남깁니다. 물론 환자 본인의 동의 없이는 이런 내용을 누구도 조회할 수 없습니다. 소문처럼 해외 비자를 받을 때나 취업할 때 조회되는 일은 전혀 없습니다. 단, 개인이 민간보험에 가입할 때 보험 회사에서 의료 기록 조회 동의를 받는데, 이때 본인이 동의할 경우 보험 회사에서 조회할 수 있습니다. 정신과 진료 기록이 있을 경우, 사안에 따라 보험 가입이 거부되기도 합니다. 그러나 모든 의료 기록은 5년만 유지되고 폐기되기 때문에, 마지막 진료를 받은 후 5년이 지났다면 이마저도 걱정할 필요가 없습니다.
기록에 대한 걱정 때문에 정신과 진료를 꺼리는 현상을 막고자 보건복지부는 2013년 4월 정신 장애명이 남는 F코드를 대체할 Z코드를 만들었습니다. Z코드는 일반보건상담을 의미합니다. 그러나 Z코드는 약물 처방이 불가능해 유명무실한 제도라는 비판을 받고 있기도 합니다.

만 한다고 들었는데, 맞나요?"

"네, 정확히 알아보셨네요. 다만 상담자 개인이 운영하는 심리상담센터는 상담자만 기록을 볼 수 있지만, 많은 상담자가 근무하는 기업이나 학교 내 심리상담센터, 또 기업형 심리상담센터는 센터 내에서 권한을 가진 사람들도 기록을 열람할 수 있어요."

이때 열람할 수 있는 기록은 심리상담 내용이 아니라 최소한의 인적 사항입니다. 즉, 이름과 연락처, 상담을 시작한 날과 끝낸 날 정도이지요. 이런 기록 역시 행정 담당자가 업무를 위해 열람할 뿐, 개인의 호기심 때문에 보는 일은 절대 없습니다. 심리상담에서 가장 중요한 것은 비밀보장입니다. 이는 심리상담센터에서 가장 민감하게 다루는 사안이지요.

"선생님 말씀을 들으니 마음이 편해졌어요. 무엇보다 상담을 받으러 오는 사람들도 저와 다를 바 없는 평범한 사람이라는 사실을 직접 확인할 수 있어서 좋았어요. 이렇게 시간 내주셔서 감사해요."

은주는 상담실을 나서면서 센터장과 가볍게 악수합니다. 마치 마음을 전달하려는 것처럼 센터장의 손은 따뜻했습니다. 센터장과의 만남이 비록 심리상담은 아니었지만, 자신이 앞으로 나아갈 길에 대한 확신을 갖게 되어서 은주의 마음은 한결 가벼워졌습니다.

혹시 여러분도 심리상담에 대해 궁금하신가요? 그렇다면 은주처럼 용기내서 심리상담센터를 한번 방문해보시는 건 어떨까요?

제 마음도 괜찮아질까요?

철하와의 통화

심리상담센터를 나오는 은주의 발걸음은 가볍습니다. 불과 한 시간 전만 해도 심리상담센터 문 앞에서 들어갈 수도 되돌아갈 수도 없어 전전긍긍했는데 말입니다. 심리상담에 대한 궁금증을 센터장에게 직접 묻고 답변을 들으니 마음이 한결 편해진 것 같습니다. 또 심리상담을 받는 사람들이 자신과 크게 다르지 않은 평범한 사람들이라는 너무나 당연한 사실에 안심하게 됐습니다.

사람 사는 세상에 사람이 하는 일인데 뭐가 그리 두려울까 싶으신가요? 심리상담뿐만 아니라 다른 일에서도 우리를 두렵게 만드는 것은 바로 미지(未知)입니다. 알고 보면 별것 아니지만, 알기 전까지는 두렵게 마련입니다. 은주도 그랬습니다. 그러나 이제 심리상담에 대한 미지가 조금이나마 깨뜨려지면서 두려움을 극복할 수 있겠다는 생각이 듭니다. 은주는 자신에게 조언해준 철하가 생각나서 문자를 보냅니다.

철하야, 지금 네가 소개해준 심리상담센터에서 나오는 길이야. 우연찮게 센터장님에게 심리상담에 대한 안내를 받았어. 정말 고마워!

문자를 보내자마자 은주의 전화가 울립니다. 철하도 은주의 연락을 기다리고 있었나 봅니다. 대학원에 다니는 은영 선배에게 물어서 심리상담센터를 알아봐준 뒤, 오늘 오후에 은주가 반차까지 내고 심리상담센터를 방문한다는 얘기를 들었으니 오죽 궁금했을까요. 은주는 철하에게 심리상담센터에서 어떤 일이 있었고 센터장과 어떤 이야기를 나누었는지 말합니다.

"그래서 심리상담을 받기로 했어?"

"응, 받아야겠다는 마음이 확실해졌어."

"그 센터에서?"

"그건 잘 모르겠어. 거기가 좋을 것 같기는 한데, 집이나 직장 중 한 곳에서라도 가까워야 꾸준하게 다닐 수 있을 것 같아."

철하는 안도의 한숨을 내쉽니다. 혹시 은주가 심리상담센터에서 좋지 않은 느낌을 받아 심리상담을 받지 않겠다고 마음의 문을 닫지는 않을까 걱정했기 때문입니다. 철하는 심리상담을 받아보겠다는 은주를 격려하고, 은주는 다시 한 번 고맙다고 인사합니다.

두 사람의 통화는 철하의 마지막 학기에 대한 이야기로 이어집니다. 다들 그러하듯 은주도 학교 다닐 때는 빨리 졸업하기만을 바랐는데, 막상 사회생활을 하다 보니 학교가 그립기만 합니다. 아직 학생 신분인 철하가 부럽다는 생각도 듭니다.

"이번이 마지막 학기이니 수업은 많이 안 듣지?"

"네 과목만 들으면 돼. 참 이번에 듣는 과목 중에 상담심리학이 있어."

"정말? 너 그 수업 들으면 심리상담 할 수 있게 되는 거야?"

"야, 경영학 개론 수업을 들었다고 회사를 경영할 수 있겠니? 학부에서 듣는 상담심리학 수업은 개론 수준이야. 심리상담은 전문적인 활동이기 때문에 심리상담가가 되려면 대학원에 진학해서 자격증을 취득하기 위한 수련 과정을 거쳐야 해.”

은주뿐만 아니라 많은 사람이 심리학이라고 하면 심리상담만 떠올립니다. 그래서 심리학을 전공하는 학생들은 주변 사람들로부터 끊임없이 “심리학과니까 나 좀 상담해줘”, “너 심리상담가가 되는 거 아니니”라는 이야기를 듣습니다. 하지만 심리학에는 인지심리, 사회심리, 발달심리, 산업심리, 범죄심리 등 많은 분야가 있습니다. 학부에서는 여러 분야를 개론 정도의 수준으로 공부하기 때문에, 어느 분야에서든 전문가가 되려면 대학원에 진학해야 합니다.

철하도 대학에 입학한 뒤 수업을 듣기 전까지는 이런 사실을 잘 몰랐습니다. 고등학생 시절 ‘또래상담’을 접한 것을 계기로 심리학과에 진

여기서 잠깐!

또래상담은 전문적으로 훈련받은 상담자가 아닌 같은 입장의 또래끼리 서로의 이야기를 공유하고, 정서적 지지와 위로를 얻는 활동입니다. 청소년들이 자신의 고민을 털어놓는 대상 1순위가 친구라는 점에 착안해 만들어졌지요. 이를 위해 학교나 교육지원청, 청소년 관련 단체에서 또래상담자 훈련을 실시하기도 합니다.

현실적으로 볼 때 또래상담에서 어려움이 해결되거나 더 나은 방향으로 변화하도록 도움을 받기는 어렵습니다. 또래상담자에게 자신의 고민을 털어놓는 친구 역시 큰 기대를 하진 않습니다. 이 때문에 ‘상담이란 그저 내 이야기를 들어주는 것뿐 결국 별 도움이 안 된다’는 고정관념이 만들어지기도 합니다. 하지만 정말 힘든 순간 누군가가 자신의 이야기에 귀를 기울여준다는 사실만으로도 큰 힘을 얻을 수 있다는 점에서 또래상담은 나름대로 의미 있는 활동입니다.

학교에 또래상담이 있다면 직장(노조)이나 주로 성인들이 활동하는 단체에는 동료상담이 있습니다. 같은 입장에 있는 사람들이 마주 앉아 서로의 마음을 나누면서 위로와 지지를 주고받는 것이지요.

학하기로 결심했는데, 대부분의 사람처럼 심리학을 공부하면 당연히 심리상담가가 되는 줄 알았습니다. 그런데 막상 대학에 와서 보니 심리 상담 외에 관심이 가는 분야도 많고, 상담가의 길을 걷고 있는 선배들을 보면서 심리상담이 생각만큼 쉽지 않겠다는 생각이 들어 진로를 진지하게 고민하고 있는 중입니다.

"그래, 알았어. 네가 전에도 얘기해줬는데, 이 누나가 또 깜빡했다. 오늘 직접 현장에서 일하는 심리학자를 만나고 나니 네가 하는 말이 좀 이해되는 것 같아."

"다행이다. 앞으로는 너랑 대화가 좀 통하겠는걸! 그런데 은주야, 궁금한 건 다 물어본 거야?"

"응! 평소 궁금했던 것을 모두 여쭤봤어. 아주 친절하게 대답해주시더라고. 아, 그런데 철하야……."

"왜?"

"생각해보니 질문 하나를 빼먹었네. 내 정신 좀 봐. 다시 돌아가서 물어볼 수도 없고……. 어휴, 난 왜 이렇게 덜렁댈까?"

"야, 자책은 그만해. 너 같은 겁쟁이가 생판 모르는 곳에 가서 일면식도 없는 사람과 대화를 했다는 것만으로도 대단한 거야."

"그래도 이건 꼭 물어봐야지 하고 생각했던 게 있었어. 인터넷에서 심리상담에 대해 검색하다 보니까 자꾸 '코칭'이라는 단어가 눈에 띄더라. 심리상담 비슷한 것 같기도 하고 아닌 것 같기도 하고. 철하야, 너 혹시 코칭이 뭔지 아니? 심리상담과는 어떻게 다른 거야?"

제 마음도 괜찮아질까요?

은주는 심리상담센터에 방문하면 코칭과 심리상담의 차이점에 대해 꼭 물어봐야겠다고 생각했습니다. 그런데 예상치 못하게 센터장과 마주 앉게 되어 당황했는지 이 질문을 빠뜨리고 말았습니다.

"은주야, 나도 잘 모르겠어. 중고등학생들을 대상으로 한 학습 코칭이나 회사 임원들을 대상으로 한 리더십 코칭이 있다는 것은 아는데, 심리상담이랑 무엇이 다르고 무엇이 같은지는 잘 모르겠네."

"그럼 다음 주에 개강하니까 상담심리학 수업 시간에 질문 좀 해봐. 너 예전에도 지선이랑 내가 궁금한 점까지 대신 질문해주곤 했잖아. 그러다가 엉뚱한 질문이 많다고 교수님께 혼나기도 했지만 말이야. 하하하."

"그래, 내가 이번에도 너를 위해 장렬히 전사해주마. 나도 너 못지않게 궁금하니까, 다음 주에 개강하면 질문해볼게. 이번 강의에서는 좀 더 편하게 질문할 수 있을 것 같아. 이번에 수업하시는 교수님은 말이 되든 안 되든 학생들이 질문하는 것을 좋아하신대. 질문이 없으면 오히려 화를 내기도 하신다나 봐. 질문이 없다는 것은 배울 열의가 없는 것이라면서 말이야."

"와, 훌륭한 교수님이 오셨구나. 너한텐 잘된 일이네. 배울 열의가 너무 많아서 엉뚱한 질문도 서슴지 않으니까."

철하와 은주는 예전 생각이 나서 웃습니다. 좀 엉뚱한 구석이 있는 철하는 심리학과에서도 질문이 많기로 유명했습니다. 그래서 어떤 친구들은 뒤에서 흉을 보기도 했지만, 절친인 지선이와 은주는 철하 덕분에 정말 재미있게 공부했던 기억이 있습니다.

은주와 통화를 끝낸 뒤 철하는 은주의 부탁과 자신이 평소 궁금했던 점까지 빼놓지 않고 메모를 합니다. 마지막 학기인 만큼 졸업 후 자신의 진로를 정해야 한다는 생각에 비장한 마음까지 듭니다. 아직까지 확실히 정하지 못한 자신의 진로가 어쩌면 이번 수업을 통해 정해질지도 모르겠다는 기대도 살며시 생깁니다.

PART 2

⟨ **심리상담**, 이것이 **궁금**합니다! ⟩

상담심리학 첫 수업

철하의 마지막 학기가 시작되었습니다. 오늘은 상담심리학 수업 첫 날입니다. 철하는 버스에서 내리자마자 전력으로 달리기 시작합니다. 심리학과 수업은 타 전공생들에게도 인기 있는 데다, 상담심리학 수업은 청강하려는 학생들까지 많아서 자칫 늦었다가는 강의가 시작된 뒤에도 자리를 찾아 어슬렁거리는 하이에나가 될 수 있거든요.

열심히 뛴 덕분에 간신히 수업 전에 도착할 수 있었습니다. 다행히 철하가 선호하는 창가 자리가 아직 비어 있어서 얼른 자리를 잡습니다. 아니나 다를까 강의실은 학생들로 가득합니다. 군 제대 후 복학이 늦어진 탓에 동기들 중 혼자 수업을 듣게 된 철하는 혹시나 하는 마음으로 주변을 둘러봅니다. 조별 모임을 생각하니 아는 사람이 한 명이라도 있어야 마음이 편할 것 같았거든요. 하지만 아는 얼굴이 하나도 보이지 않습니다.

'이럴 줄 알았으면 동아리나 학생회 활동을 열심히 할걸. 어떻게 아는 사람이 하나도 없냐.'

이때 강의실 앞문으로 교수 치고는 꽤 젊어 보이는 정장 차림의 여자가 들어옵니다. 철하는 작년에 새로 부임한 심리상담 전공 교수님이라는 것을 금세 알아차리지만, 대부분의 학생은 오랜만에 만난 친구들과 수다를 떨고 휴대폰을 쳐다보는 등 딴짓을 하느라 바쁜지 교수님이 들어오신 것을 눈치채지 못합니다. 다른 교수님이었다면 시끌벅적한 분위기에 얼굴을 찡그릴 법도 한데, 이 교수님은 흐뭇한 표정으로 학생들을 쳐다봅니다. 몇몇 학생이 눈치채고 자리를 잡고 앉기 시작하자 강의실은 금세 조용해집니다.

"안녕하세요? 저는 이번 학기에 상담심리학 강의를 맡게 된 김현정이라고 합니다. 오랜만에 만난 친구들과 인사를 나누면서 즐겁게 이야기하는 여러분의 모습을 보니, 제 학창 시절이 생각나네요."

교수님은 자신이 심리상담 전공으로 미국에서 박사학위를 받고 한국으로 돌아와 2년 정도 현장에서 일하다가 작년에 이 학교에 부임했다고 소개합니다. 그러면서 다른 훌륭한 상담자들보다는 경력이 짧은 편이지만, 자신이 공부하고 경험한 범위 안에서 최선을 다해 한 학기 동안 함께하고 싶다고 나름의 포부를 말씀하십니다.

철하는 자신의 짧은 경력에 대해 당당하면서도 겸손하게 말하는 교수님의 모습에 신뢰가 갑니다. 문득 좋은 상담자에 대해 은영 선배가 했던 말이 떠오릅니다.

"훌륭한 상담자라면 자신의 부족함을 감추려고 하거나 꾸며내려고 하지 않고, 솔직하게 자신의 모습을 인정할 수 있어야 해."

철하도 은영 선배와 생각이 같습니다. 없어도 있는 척, 몰라도 아는 척하면서 자신과 상대를 기만하는 전문가가 많은 세상이지만, 마음을 다루는 심리상담 전문가라면 솔직하게 타인과 마주할 수 있어야 한다고 생각합니다. 이런 생각을 하다 보니 철하는 고민에 빠집니다. 자신이 과연 제대로 된 상담자가 될 수 있을지, 자신과 상대를 기만하지 않고 있는 모습 그대로 상대와 마주할 수 있을지, 걱정이 꼬리에 꼬리를 물기 시작합니다.

심리상담가의 길을 고민하는 철하에게 이번 수업은 매우 중요합니다. 수업을 통해 자신의 미래에 확신을 갖든지, 아니면 깨끗하게 포기하고 다른 일을 할지 선택해야 할 테니까요. 부모님은 철하가 공장 일을 도와주기를 원하십니다. 심리상담이라는 생소한 분야에 대해 잘 모르실 뿐더러, 요즘 같은 불경기에 믿을 만한 직원을 뽑는 것도 쉽지 않으니 든든한 아들이 함께해주기를 바라는 것이지요.

"여러분, 강의 계획서는 다 확인하셨죠? 오늘은 수업 일정과 진행 방식, 조별 과제와 시험에 대해 안내해드릴게요."

교수님은 한 학기 동안 심리상담 전반에 대해 다루면 좋겠지만, 시간이 제한되어 있으니 심리상담 이론을 중심으로 공부하게 될 것이라고 설명하십니다.

"교수님!"

철하가 갑자기 손을 번쩍 듭니다. 학생들과 교수님 모두 철하를 쳐다보는 순간, 아차 하는 생각이 듭니다. 궁금한 것이 있으면 참지 못하고 자신의 생각을 표현하는 데 주저함이 없는 철하이지만, 이번 학기만큼은 자제하고 있었거든요.

어린 시절부터 튀는 행동을 하거나 나서지 말라는 이야기를 듣고 자란 우리나라 사람들은 공적인 자리에서 질문하거나 자신의 주장을 펼치는 것을 어려워합니다. 그래서 대학에서도 활발한 토론 수업 대신 일방적인 강의식 수업이 이뤄지는 경우가 많습니다. 이런 문화적 특성을 고려하더라도, 심리학과 학생들은 유독 질문을 하지 않고 과 행사에도 적극적으로 참여하지 않는 편입니다. 심리학과와 같은 단과대학에 속해 있지만 학생들의 참여가 활발한 사회학과나 사회복지학과와 비교되는 모습이지요.

철하는 심리학과의 이런 분위기가 싫었습니다. 그래서 군대 가기 전에는 다른 사람들에게 신경 쓰지 않고 궁금한 것이 있으면 곧바로 질문하곤 했지요. 하지만 복학한 후에는 동기들도 없고 아는 얼굴도 드물어서 괜히 주눅 들어 자제하고 있었습니다. 그런데 오늘은 긴장이 풀렸는지, 아니면 자신에게 중요한 수업이라는 생각에 오히려 더 긴장했는지 손이 먼저 올라가고 말았네요. 다른 학생들의 따가운 눈초리를 느끼며 철하는 당황합니다. 교수님도 약간 놀란 듯 보여서 괜히 나섰나 싶은 게 후회됩니다.

"질문은 수업이 끝난 후에 한꺼번에 받겠네." 보통 교수님들은 이렇게 말씀하셨는데, 이번 교수님은 다르시네요.

"반가운걸요. 궁금한 점을 이렇게 적극적으로 표현하다니 심리학 전공 수업에서는 드문 일이네요. 이름이 어떻게 되죠?"

"이철하입니다!"

철하는 교수님의 반응에 심장이 빨리 뛰기 시작합니다. 불안이 아닌 설렘으로요.

"좋아요, 철하 학생. 뭐가 궁금하죠?"

"이번 학기에 이론을 중심으로 다루신다면 상담자의 자세나 태도, 상담자의 자격, 심리상담의 전략과 기법, 심리상담 과정 등 심리상담 전반에 대해서는 배우지 못하나요?"

철하를 흘겨보던 다른 학생들은 철하의 질문을 듣더니 고개를 끄덕입니다. 교수님은 심리상담에서 다루어야 할 사항이 정말 많지만 일단 학부 과정에서는 그중에서도 가장 중요한 심리상담 이론만 배우고, 나머지는 대학원에 진학하면 배우게 될 것이라고 설명해주십니다. 철하도, 다른 학생들도 고개를 끄덕입니다. 잠시 생각하시던 교수님이 다시 말씀하십니다.

"그렇지만 심리상담 이론 말고도 심리상담에 대해 궁금한 점이 많이 있을 것 같아요. 그런가요?"

"네!"

학생들은 기다렸다는 듯 큰 소리로 대답합니다.

"저도 학창 시절, 이 수업을 들을 때 심리상담에 대해 궁금한 점이 많았어요. 예전보다 심리상담센터가 많아지고 심리상담을 받는 사람들도 많아졌지요. 여러분 중에도 이미 심리상담을 받고 있거나 앞으로 심리상담을 받고 싶은 사람들이 있을 겁니다. 그럼, 강의 안내를 마치고 자유롭게 질문을 받아볼까요?"

"네!"

철하는 다른 학생들의 반응에 우쭐한 기분마저 듭니다.

교수님은 강의에 대한 안내를 계속 이어갑니다.

"이번 수업은 저와 여러분이 함께 만들어갈 수 있도록 매 시간 조별 발표를 준비해야 합니다. 조별 발표가 시험보다 성적에서 차지하는 비중이 크니 잘 준비해주세요."

철하는 조별 발표 이야기에 다시 걱정이 몰려옵니다. 친했던 동기들은 대부분 졸업해버렸고, 후배들은 잘 몰라서 팀을 어떻게 구성해야 할지 막막합니다. 팀을 구성하기 어려운 사람은 다음 주에 직접 팀 구성을 도와주시겠다는 교수님의 말씀에 그나마 조금 마음이 놓입니다. 이렇게 한 학기 강의를 어떻게 진행할지에 대한 안내가 끝났습니다.

"아까 이야기한 대로 심리상담, 심리치료에 대해 평소 궁금했던 점이 있으면 질문해보세요. 먼저 철하 학생이 질문해볼까요?"

"네, 교수님! 궁금한 것이 정말 많지만, 가장 먼저 질문 드리고 싶은 것은 방금 교수님의 말씀에 담겨 있습니다."

자신의 말에 궁금한 점이 담겨 있다는 말에 교수님은 흥미롭다는 듯이 철하를 쳐다봅니다.

"교수님께서 방금 '심리상담', '심리치료'라는 말을 연이어 사용하셨는데요, 심리상담과 심리치료는 같은 말인가요, 아니면 구분해야 하는 말인가요?"

질문을 마친 철하는 자리에 앉아 교수님을 쳐다봅니다. 다른 학생들도 교수님의 얼굴을 주목합니다.

"철하 학생이 아주 좋은 질문을 했네요. 제가 다시 여러분께 물어볼게요. 여러분은 심리상담과 심리치료라는 말을 구분할 수 있나요? 정답이 아니어도 좋으니 각자의 자신의 생각을 나눠볼까요?"

질문을 받은 교수님은 곧바로 답하지 않으시고, 학생들에게 되묻습니다. 이때 한 여학생이 답합니다.

"심리상담은 일상생활이 가능한 사람들이 일상에서 겪는 심리적 어려움을 해결해주는 것이고, 심리치료는 정신과 환자들처럼 심각한 증상을 가지고 있는 사람들의 병을 고쳐주는 것이라고 책에서 봤습니다."

모범생처럼 보이는 학생의 정답 같은 설명에 모두들 고개를 끄덕입니다. 아무래도 '치료'라는 말 자체가 병을 전제한 것이고, '상담'이라는 말은 일상적으로 쓰이기도 하니까 정확한 설명인 것 같습니다.

"혹시 이 의견에 동의하지 않는 사람 있나요?"

"저는 얼마 전까지 정신과에서 약물 치료를 받았습니다."

한 남학생이 일어나서 조심스럽게 이야기를 합니다. 정신과 치료를 받았다는 이야기에 다른 학생들도 적잖게 놀라는 눈치입니다. 전보다 정신과 치료에 대한 인식이 좋아지고 약물 치료를 받는 사람도 많아졌지만, 여전히 정신과 약물에 대한 오해와 편견이 존재하는 것은 사실입니다. 타인의 시선을 중요하게 여기는 우리나라에서 자신이 정신과 치료를 받았다는 이야기를 이렇게 대놓고 말하는 사람은 좀처럼 보기 힘들죠.

"저는 망상이나 환각 같은 심각한 증상이 있어서가 아니라, 우울한 감정 때문에 너무 힘들어서 약물 치료를 받게 됐어요. 그런데 의사 선생님이 약물 치료만으로는 부족한 부분이 있으니, 정신치료를 함께 받으라고 권하시더군요. 처음에는 정신치료가 무엇인지 몰랐는데, 우리가 심리치료라고 부르는 '사이코세러피(psychotherapy)'를 의사 선생님은 정신치료라고 하시더라고요. 제가 의사 선생님께 우리 학교 학생상담센터에서 심리상담을 받아도 되냐고 여쭤보니 괜찮다고 하셨어요. 그렇다면 심리상담과 심리치료는 비슷한 말이 아닐까요?"

뒤이어 몇몇 학생이 자신의 견해를 밝히면서 다양한 이야기가 오고 갑니다. 자연스러운 토론을 통해 심리상담은 일반인을, 심리치료는 정신장애를 가진 사람들을 대상으로 하는 것이라는 합의에 도달했습니다. 이는 자연스럽게 정상과 이상(비정상), 즉 일반적인 심리적 어려움과 정신장애(정신병)를 명확하게 구분할 수 있느냐 하는 문제로 이어집니다.

"여러분의 의견을 종합해보면 심리상담은 정상적인 사람을 대상으로 하는 것이고, 심리치료는 정신장애를 가진 사람을 대상으로 실시하는 것이라고 정리할 수 있을 것 같네요. 맞나요?"

"네!"

학생들은 열띤 토론을 통해 정답을 발견했다는 뿌듯함에 들뜬 목소리로 대답합니다. 그런데 교수님의 표정이 그리 밝아 보이지 않습니다.

"그런데 여러분은 정신장애를 가지고 있는 사람과 일반인을 명확하

제 마음도 괜찮아질까요?

게 구별할 수 있나요? 무엇이 정상이고, 무엇이 비정상 혹은 이상이죠? 마음이 아무리 힘들어도 정신과 진료를 받지 않아서 정신장애로 진단받지 못한 사람도 있고, 약간의 우울과 불안한 감정을 느껴 정신과를 찾아간 사람들도 있을 텐데요."

교수님의 질문에 학생들은 다시 혼란스러워집니다. 무엇이 정상이고 무엇이 이상인지 구분하는 것은 좀처럼 끝내기 어려운 논쟁입니다. 마음의 병은 신체의 병과 달라서 명확하게 구분하기 어렵습니다. 사람은

여기서 잠깐!

전문가들은 다음과 같은 기준을 가지고 이상과 정상을 구분합니다. 모두 D로 시작한다고 해서 심리학과 학생들은 '4D'라고 암기하지요.

첫 번째는 '소수(deviance)'입니다. 대부분의 사람과 다르다면 이상이라고 보는 견해죠. 지적 장애가 대표적인 예입니다. 대부분의 사람보다 지적 능력이 낮다는 이유만으로 정신장애로 분류되고 있으니까요. 그러나 이 기준은 특출하게 뛰어난 사람도 이상으로 분류될 수 있다는 한계가 있습니다.

두 번째는 '주관적 고통(distress)'입니다. 우울이나 불안으로 고통받는 사람은 매우 흔합니다. 그렇다고 괜찮아질 거라며 가볍게 넘길 수는 없죠. 스스로 힘들다는 생각이 든다면 전문적 도움을 받아야 합니다. 그러나 자폐증이나 치매(신경인지 장애)처럼 심각한 정신장애는 스스로 괴로움을 알리지 못하니, 이 기준 역시 완벽하지는 않습니다.

세 번째는 '위험(danger)'입니다. 자신이나 타인을 해치는 등 위험에 빠뜨릴 수 있을 정도로 위험하다면 각별한 주의가 필요합니다. 하지만 모든 정신장애가 위험과 연관되는 것은 아닙니다.

마지막 기준은 '역기능(dysfunction)'입니다. 심리적 어려움으로 인해 일상생활에서 문제를 겪는다면 이상으로 분류하는 것입니다. 현재 정신과 의사들이 사용하는 진단 기준(DSM-5)에는 이항목이 빠지지 않습니다. 즉, 심리적 증상이 일상생활을 어렵게 해야 이상으로 분류하고 전문적 개입이 필요하다고 판단하지요. 하지만 관음증, 노출증 같은 변태성욕은 일상생활을 잘 영위하는 경우도 있기 때문에 이 역시 완벽한 기준은 아닙니다.

이처럼 정상과 이상을 구분하는 일은 결코 쉽지 않으며, 확실하게 결론내릴 수도 없습니다.

누구나 어느 정도는 우울하고 어느 정도는 불안하니까요. 심각한 우울이나 불안도 때로는 전문적인 도움 없이 회복되기도 합니다.

이상과 정상은 시대와 문화에 따라 그 자리를 바꾸기도 합니다. 조선시대 선비가 타임머신을 타고 우리 동네 수영장에 온다면 기겁하면서 다들 제정신이 아니라고 말할 겁니다. 당시의 사회 규범으로는 남녀가 몸을 드러내고 함께 물속에 들어가는 것은 상상도 못 할 일이니까요. 반면 현대 사회에서 조선시대처럼 옷을 입고 다니면 모두들 미친 사람 아니냐고 쳐다볼지도 모릅니다.

어쨌든 심리상담과 심리치료는 같은 용어일까요, 엄연히 구분해야 하는 다른 용어일까요? 분명히 예전에는 정신과에서 처방하는 약물이 많지 않았을 뿐더러, 정신과 치료를 받는 것이 쉽지 않아서 아주 심각한 증상이 아니면 병원에 가는 경우가 많지 않았습니다. 그러나 요즘에는 정신과 치료에 대한 오해와 편견이 비교적 많이 사라졌고, 주의집중 곤란이나 우울증처럼 누구나 일상에서 겪을 수 있는 증상을 치료할 수 있는 약물도 많이 개발되어 더 이상 정신과 환자인지 여부가 심리상담과 심리치료를 구분하는 기준이 될 수 없습니다.

"심리상담과 심리치료를 같은 개념으로 봐야 한다고 주장하는 학자들도 있고, 여전히 심각한 증상에는 심리치료라는 용어를 사용해야 한다고 주장하는 학자들도 있어요."

철하는 교수님의 이야기를 들으면서 슬슬 짜증이 납니다. 심리학을 공부하다 보면 많은 논쟁거리를 접하게 되는데, 이것도 맞고 저것도 맞

제 마음도 괜찮아질까요?

는다는 식이 많습니다. 매사 분명한 것을 좋아하는 철하는 이런 결론이 마음에 들지 않습니다. 용어 구분만큼은 명쾌하기를 바랐는데, 공부하는 사람 입장에서는 이것만큼 혼란스러운 일이 없죠.

그런데 우리는 먼저 이 용어에 대해 왜 명확하게 결론 내리고 싶어하는지 생각해볼 필요가 있습니다. 심리상담이라고 표현하면 어떻고, 심리치료라고 표현하면 어떤가요? 무엇이 달라질까요? 심리치료라는 말이 너무 무겁게 느껴지고 환자 스스로 자신이 정신병을 가진 사람이라고 생각하여 심리치료 받는 것을 거부하고 싶은 마음이 든다면 심리상담이라고 표현하면 됩니다. 또 심리상담이 너무 비전문적인 느낌이 들어서 굳이 돈을 지불할 가치를 느끼지 못한다면 심리치료라고 표현해도 좋습니다.

"중요한 것은 이름이 아니라 본질입니다. 무엇이라 칭하든지, 심리상담 혹은 심리치료란 전문적인 훈련을 받은 심리학자와 서비스를 필요로 하는 사람이 만나서 목적 있는 대화를 나누는 것을 말합니다."

"그렇다면 교수님의 말씀은 심리상담과 심리치료라는 용어를 구분하는 것 자체보다는 이 용어를 사람들이 어떻게 받아들이는지가 더 중요하다는 것인가요?"

"네, 바로 그것입니다."

심리학은 과학을 지향하기 때문에 논쟁을 피할 수 없지만, 심리상담에서는 끝없는 논쟁보다 실천이 중요합니다. 현실적으로 정신과 의사나 병원에서 일한 경험이 있는 심리학자는 심리치료라는 말을 쓸 것이고, 일반 심리상담센터에서 일하는 심리학자는 심리상담이라는 말을 쓸 겁니다. 그러나 이는 어디까지나 그 분야의 관습이고 개인의 습관일 뿐, 어떤 용어를 쓰느냐에 따라 전문적 서비스의 질이 달라지는 것은 아닙니다.

본질이 중요할까요, 명칭이 중요할까요? 물론 명칭에 따라서 본질에 대한 사람들의 인식이 달라질 수 있으니 명칭이 중요한 것도 사실입니다. 이런 점에서는 상담가도 심리치료와 심리상담의 명칭 문제에 대해 계속 고민해야 합니다. 그러나 여러분이 당장 시급한 마음의 문제 때문에 전문가의 도움이 필요하다면 명칭에 얽매일 필요 없습니다. 마음을 돌보는 것은 명칭이 아니라 본질이기 때문입니다.

정신과
약을
먹는다고?!

친구가 정신과 약을 먹기 시작했다고 말했다.

친구방

나 요새 항우울제
먹기 시작

나는 그저 그렇구나 싶었다.

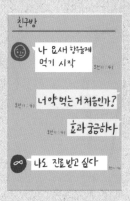

친구방

나 요새 항우울제
먹기 시작

너 약 먹는 거 처음인가?

효과 궁금하다

나도 진료받고 싶다

친구는 내게 주변에 약 먹는 걸 밝히는 게 싫다고 했다.

주변에 약먹는다고
얘기하는 게 싫어

??

왜? 니 주변에
편견 있는 사람
없을거 같은데?

왜냐하면 자기가 실수를 해도
"쟤는 정신과 약을 먹고 있으니까" 하고 넘어갈까 봐.

자신에 대한 기대치가 달라지는 게 기분 나쁘다고 했다.

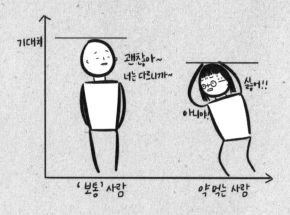

친구가 왜 그렇게 느끼는지 알 수 있었다.
나도 그런 편견이 있었으니까.

누군가 정신과 약을 먹는다고 하면 짐짓 아닌 척했지만 놀랐다.

뭔가 엄청 심각한 일이 있구나 싶었고,

'그래서 저 사람이 그런 건가'
더 유심히 봤던 거 같다.

하지만 주변에서 하나둘 정신과 약을 먹는 사람이 많아지면서

다들 각자의 얼굴이 있고, 각자의 일상이 있다는 걸 알게 됐다.

그리고 대부분 그 일상을 그럭저럭 잘 살고 있었다.

편견이란 참 웃긴 게, 있을 때는 있는지도 모르는데

한번 깨지고 나면 그게 얼마나 우스운 건지 보인다.

그런데 그 우스운 것들 때문에

얼마나 많은 사람이 필요 이상으로 고통받고 있는지 생각하면

우습고, 무섭고, 바보같지.

심리치료 vs. 약물 치료

"교수님, 저도 질문을 하나 하고 싶습니다."

얼마 전까지 정신과 치료를 받았다고 털어놓은 남학생이 손을 들고 일어납니다.

"병원에서 약물 치료를 받고 학생상담센터에서 심리치료를 받으면서 제 우울증은 상당히 좋아졌습니다. 약을 먹으니 우울한 기분은 많이 나아졌는데, 비관적인 생각은 좀처럼 바뀌지 않아 힘들었거든요. 그래서 의사 선생님도 심리상담을 권하셨고, 저 역시 심리상담이 필요하다고 생각했습니다."

"상담은 도움이 되었나요?"

"네, 사실 약을 먹으니 우울한 기분은 사라져서 좋았는데, 생각은 여전히 비관적이라서 매우 혼란스러웠습니다. 우울하지 않은데 마치 우울해야 할 것 같다는 생각 때문에 괴로웠거든요."

학생의 표현이 재미있어 강의실은 웃음바다가 됩니다. 실제로 우울에는 여러 측면이 있습니다. 감정의 우울은 처지고 힘 빠지는 기분을 말합니다. 우리가 보통 우울하다고 말할 때의 느낌이지요. 한편, 생각의 우울도 있습니다. 이는 다른 말로 하면 비관적인 생각으로, 뭘 해도 안 될 것 같고 모든 사람이 나를 싫어하는 것 같습니다. 마지막으로는 행동의 우울이 있습니다. 감정과 생각의 우울이 행동으로 드러나는 것인데, 자살이나 자해, 불면이나 과다수면 등의 증상으로 표출됩니다.

약물은 그중 감정의 우울을 조절하는 데 탁월한 효과를 보입니다. 감정의 우울만 있던 사람이라면 약물 복용으로 고통에서 벗어날 수 있습니다. 그러나 대개 감정의 우울은 생각과 행동의 우울로 번져 나갑니다. 생각은 과거의 경험을 통해 만들어지기 때문에 약물로 쉽게 바뀌지 않습니다. 그래서 심리상담이 필요한 겁니다. 심리상담을 통해 자신의 생각을 검토하고, 기존 생각을 대체할 만한 새로운 사고방식을 배우고 연습하는 것이지요.

"심리상담을 통해 비관적인 생각들을 하나씩 되짚어보면서, 제 생각이 왜곡되어 있었다는 사실을 깨달았어요. 그리고 보다 현실적이고, 저에게 도움이 되는 생각을 할 수 있게 되었습니다."

이 학생의 용기 있는 고백에 교수님은 흐뭇한 얼굴로 박수를 치십니다. 학생들도 교수님을 따라 박수 세례에 동참합니다.

"정말 다행이고 좋은 일이네요. 그런데 질문이 있다고 했는데 무엇이 궁금한가요?"

"제 경험을 바탕으로 약물 치료는 의사에게 받고, 심리치료는 상담자에게 받는 것이라고 생각했어요. 그런데 제 친구는 불안이 심해서 병원에 다니고 있는데, 의사에게 약물 치료만 받는다고 합니다. 그래서 심리치료를 권했더니, 자신은 약물 치료만으로도 충분하다고 하더라고요. 약물 치료와 심리치료를 꼭 병행할 필요는 없는 건가요?"

"학생처럼 약물의 도움을 받고 심리상담을 병행하는 것이 좋은 경우도 있어요. 그러나 약물 치료를 잘 받고 있는 사람에게 심리치료를 강

제 마음도 괜찮아질까요?

요하거나, 반대로 심리상담만 받겠다는 사람에게 약물 치료를 강요할 수는 없답니다. 그런데 심리상담 전에 반드시 약물 치료를 선행해야 하는 경우가 있습니다."

심리상담을 받기 전에 반드시 약물 치료를 받아야 하는 경우가 있다는 교수님의 말씀에 학생들은 귀를 쫑긋 세웁니다.

"상담자와 마주 앉아서 자신의 생각과 감정을 이야기할 수 없을 정도로 증상이 심각하다면, 약물 치료가 필수적입니다. 대표적인 예로 심각한 우울이나 망상, 환각 같은 증상이 그렇습니다. 전문 용어로는 정신증적 증상이라고 하죠."

정신증 혹은 정신병이라는 말은 신경증과 대비되는 용어로, 현실 검증력이 없는 심각한 증상을 가리킵니다. 마음이 힘들지만 현실 검증력이 있다면 신경증이라고 부릅니다. 현실 검증력이란 내 생각(내적 현실)과 실제 현실이 다를 수 있다는 것을 인식하고, 비교·검토하는 능력입니다. 다른 말로 현실감각이라고 하는데, 현실 검증력이 있는 사람은 심리상담을 통해 자신의 생각을 검토하고 수정할 수 있지만 현실 검증력이 없으면 이런 것이 불가능합니다.

대표적인 경우가 망상입니다. 망상 증상이 있는 사람은 그 망상에 반대되는 증거를 제시하더라도, 자신의 생각(망상)을 포기하지 않습니다. 오히려 증거를 의심하면서 사람들이 자기를 속인다고 주장합니다. 현실 검증력은 심리상담의 원동력이기 때문에 정신증적 증상이 있으면 반드시 약물 치료가 선행되어야 하고, 심리치료는 그다음에 진행되어야 합니다.

이런 측면에서 심리상담은 정신병을 가진 사람이 받는다거나 마음이 아픈 사람이 받는다는 말은 분명히 잘못된 것이라고 교수님은 강조합니다. 오히려 심리상담을 받는 사람들은 자신의 마음을 말로 표현할수 있고 생각과 현실을 비교 검토할 수 있는 사람들, 즉 심리적으로 어느 정도 힘이 있고 건강한 사람들이라고 말씀합니다.

심리상담가 vs. 정신과 의사

"교수님, 제가 아는 친구는 정신과 의사에게 약물 치료와 심리치료를 모두 받았다고 하더라고요. 심리상담가와 정신과 의사는 어떻게 다른 가요? 이 두 전문가의 심리치료에 차이가 있나요?"

교수님은 학생의 질문이 끝나자 다른 의견은 없는지 물어봅니다. 한 학생이 자신의 의견을 이야기합니다.

"예전에는 병원에서도 약을 지어주었고, 약국에서도 의사의 처방전 없이 약을 제조했습니다. 그러나 요즘에는 '진료는 의사에게, 약은 약사에게'라는 문구처럼 의사와 약사의 역할 분담이 분명해졌습니다. 저는 약물 치료는 정신과 의사에게, 심리치료는 심리상담가에게 받도록 분업해야 한다고 생각합니다."

"옳소!"

누군가의 호응에 강의실은 다시 웃음바다가 됩니다. 교수님은 학생들이 적극적으로 자신의 의견을 제시하는 것이 무척이나 만족스러운 표정입니다.

그런데 실제로 정신과 의사와 심리학자의 다른 점은 무엇일까요? 우선 정신과 의사는 의학 공부를 합니다. 의학은 생물학의 관점에서 신체 질병을 치료하는 데 관심을 두는 학문입니다. 정신과 의사가 되려면 다른 의사들처럼 의과대학이나 전문대학원에서 의학을 전공한 후, 시험을 통해 의사 자격(일반의)을 취득해야 합니다. 이후 수련 기관인 대학병원에서 1년 동안 여러 과를 경험하는 인턴십을 거치고, 전문가가 되고 싶은 분야를 결정해서 지원합니다. 합격하면 3~4년 동안 레지던트라 불리는 전공의 수련 과정을 거치고, 이후 시험을 통해 해당 분야의 전문가 자격(전문의)을 취득합니다.

정신과 의사도 이 같은 과정을 동일하게 거치기 때문에 기본적으로 생물학 관점의 훈련을 받는다고 할 수 있습니다. 정신과에서 수련 받기 시작하면서 각종 정신장애에 대한 공부를 시작하고 심리학적 접근법에 대해서도 배우는 것이지요. 그러나 치료 효율성, 연구 성과, 다른 전공과의 협력 등 몇 가지 현실적인 이유 때문에 심리치료보다는 약물치료 훈련이 주를 이룹니다.

그렇다면 정신과 의사의 심리치료는 엉터리일까요? 그렇지 않습니다.

여기서 잠깐!

본래 정신과는 신경과와 하나였다가 1982년에 분리됐습니다. 마음(정신)은 뇌(신경)와 밀접한 관련이 있기 때문에, 이 둘을 분리하는 것에 반대하는 사람도 있었습니다. 그러나 현실적으로 뇌전증(간질), 뇌졸중 같은 신경계의 손상으로 인한 질병이 많아지면서, 우울이나 불안 같은 마음의 병을 다루는 영역과 분리할 필요성이 생겼죠.

여전히 신경정신과라는 예전 간판을 달고 있는 경우도 있지만, 오늘날 의료 체계에서는 신경과 전문의와 정신과 전문의를 구분하고 있습니다.

정신과는 정신병자가 다니는 곳이라는 인식 때문에 많은 사람이 전문적 도움이 필요한 상황에서도 정신과 진료를 거부하는 경우가 많았습니다. 이에 정신과라는 이름을 개명하자는 움직임이 있었고, 결국 2011년 정신건강의학과로 개명했습니다. 정신과의 영역을 단순한 치료에서 정신장애의 예방과 정신건강의 증진으로 확대한 셈이죠. 이제 공식적인 명칭은 정신건강의학과입니다만, 기존 명칭보다 긴 탓에 사람들은 여전히 정신과라고 부르는 경우가 많습니다.

제 마음도 괜찮아질까요?

약물 치료뿐 아니라 심리치료에 관심이 있다면, 각종 학회와 모임을 통해 얼마든지 공부하고 훈련 받을 수 있습니다. 환자들이 약만 복용하기보다는 자신의 속이야기를 털어놓고 싶어 하고, 의사도 약만 처방하기보다는 환자의 증상이 생긴 원인과 배경에 관심을 갖기 때문에 약물 치료와 심리치료가 병행되는 경우가 흔합니다. 만약 의사가 여건이나 능력이 부족하다 싶으면 정신과 부설로 심리상담센터를 만들고 상담가를 고용해 심리치료를 맡기기도 합니다.

교수님은 학생들에게 이런 이야기를 들려주면서 심리상담을 하는데 있어 중요한 것은 자격이 아니라 실력과 능력이라고 강조합니다. 정신과 의사든, 상담가든 자격만 믿고 실력을 키우는 일을 소홀히 한다면 그 피해는 마음이 아픈 사람들에게 돌아가게 됩니다. 어떤 분야든 선의의 경쟁은 모두의 발전과 성공을 가져올 수 있는 것이지요. 이런 면에서 정신과 의사와 심리상담가 모두 중요하다고 할 수 있습니다.

그렇다면 심리상담가가 진행하는 심리치료만의 특징은 없을까요? 물론 있습니다. 의사는 환자 자신보다는 환자의 '질병'에 초점을 맞춥니다. 또한 치료의 주도권이 전문가인 의사에게 있기 때문에, 의사와 환자가 동등한 입장이라고 보기 어렵습니다. 반면, 상담자는 내담자의 증상이 아닌 '내담자 자체'에 초점을 맞추기 때문에 치료의 주도권을 상담자와 내담자가 함께 공유합니다. 상담자와 내담자가 동등한 입장인 셈이죠. 모든 의사와 심리상담가가 이런 차이를 보이는 것은 아니지만, 훈련받는 과정에서 자연스럽게 입장 차이가 생길 수밖에 없습니다.

이런 측면에서 심리상담가의 심리치료는 정신과 의사의 심리치료보다 내담자를 좀 더 존중하고 인격적으로 대한다고 볼 수 있습니다.

철하 역시 병원에 갈 때마다 의사 앞에서 왠지 주눅 들었습니다. 의사 선생님의 질문에 잘못된 대답을 하면 치료하는 데 문제가 생길 것만 같은 긴장감도 들었습니다. 그러나 재작년 학생상담센터에서 심리상담을 받을 때는 그런 느낌이 들지 않았습니다. 물론 처음에는 긴장했지만, 상담자가 철하의 감정을 물어봐주고 자신의 감정을 드러내기도 하는 모습을 보며 수직 관계가 아닌 수평 관계라는 느낌을 받았습니다. 철하는 마음이 불편해서 심리치료를 받으려는 사람들에게는 이런 수평 관계가 확실히 도움될 것 같다는 생각을 해봅니다.

심리상담, 심리학자의 전유물일까?

현행법상 의사 외에는 환자를 진료하는 게 불가능하고, 약사 외에는 조제를 할 수 없습니다. 이를 어길 경우, 법적 처벌을 받게 됩니다. 그렇다면 심리치료는 어떨까요? 상담 관련 자격증이 없거나, 심지어 상담 관련 공부를 전혀 하지 않은 사람도 심리상담센터를 차릴 수 있습니다. 현실적으로 이런 사람들에게 법적 제제를 가할 근거가 없기 때문입니다. 실제로 이런 사칭 상담가들에게 심리상담을 받다가 치유는커녕, 더 큰 상처를 받는 경우도 많습니다. 그렇다면 제대로 훈련받은 심리학자 외에는 심리상담을 할 수 없고, 이를 어길 경우 처벌을 받도록 법을 만들어야 할까요?

"아무나 심리상담센터를 차릴 수 있고 심리상담을 할 수 있다"는 교수님의 말씀에 학생들은 혼란스럽습니다. 심리치료는 아무나 할 수 없는 것이기에 대학원에 진학하고 이후 자격증을 취득하기 위해 짧게는 1년, 길게는 3년 동안 수련을 받아야 한다고 생각해왔으니까요.

철하는 이미 자격증도 없는 사람들이 버젓이 심리상담센터를 차려서 심리상담을 하고 있다는 사실을 알고 있었습니다. 이를 처음 알게 되었을 때는 적지 않게 분노했습니다. 그래서 은주가 제대로 된 심리상담센터를 찾아갈 수 있도록 알아봐준 것이지요.

"저는 그런 사람들을 강력하게 처벌해야 한다고 생각합니다. 우리의 마음은 몸보다 더 중요합니다. 몸의 치료는 의사가 아니면 할 수 없잖아요. 당연히 마음의 치료도 전문가의 몫으로 남겨두어야 합니다!"

학생들은 철하의 발언에 공감하는 분위기입니다. 그러나 그것도 잠시, 교수님은 철하와 학생들에게 다시 고민거리를 던져줍니다.

"그런 법이 실효성을 발휘하려면 지금 현장에서 심리상담을 해주고 있는 수많은 종교인이나 철학자, 조금 더 넓게 보면 철학관이나 점집에서 돈을 받고 인생 상담을 해주는 무속인과 역술인들, 카페에서 타로점이나 사주를 봐주고 돈을 받는 사람까지도 처벌해야 할 텐데요. 마치 의사 면허가 없는 사람이 어떤 식으로든 의료 행위를 하면 처벌하듯이 말이죠."

교수님은 학생들에게 이에 대해 옆사람과 토론해보라고 합니다. 강의실에는 순간 적막감이 돕니다. 전혀 생각하지 못했던 주제였으니까요. 그러나 이내 옆사람과 열띤 토론을 벌입니다. 어떤 학생은 무속인까지 언급하는 것은 지나치다고 말하고, 또 다른 학생은 그들이 현실적으로 심리학자들보다 대중에게 더욱 가까이 다가서는 진짜 상담가라고 이야기합니다. 개인적으로 교회나 성당, 사찰 등 종교 기관에서 성직자에게 상담 받았던 이야기도 오갑니다. 또 어떤 학생은 자기가 심리학 전공이기는 하지만 철학자에게 상담을 받은 적이 있는데 많은 도움이 되었다고 합니다. 이전에 심리학자한테 상담 받았을 때보다도 말이죠.

교수님은 열띤 토론을 하는 학생들을 즐거운 표정으로 지켜보고 있습니다. 철하도 심리학과 수업에서 이렇게 시끄럽게 토론하는 모습은 처음이어서 놀랍기도 하고 재미있기도 합니다. 심리학과 수업을 이렇

제 마음도 괜찮아질까요?

게 만들어준 교수님에게 고마운 마음도 듭니다. 그런데 교수님은 학생들의 혼란을 해결해줄 마음이 없는지 또 새로운 이야기를 꺼냅니다.

"여러분이 혼란스러워하는 것 같은데, 이왕 이렇게 된 김에 조금 더 이야기해봅시다. 지금까지 말한 심리상담을 '대화치료(talking therapy)'라고 합니다. 마주 앉아서 대화를 통해 마음의 치유와 성장을 도모하는 것이지요. 그런데 심리치료는 대화가 아닌 다른 방법이나 활동과 결합되기도 합니다. 심리치료가 미술을 만나면 뭐가 되죠?"

"미술치료요!"

"음악을 만나면?"

"음악치료요!"

"맞아요. 이 외에도 무용치료, 독서치료, 글쓰기치료, 원예치료, 연극치료, 동물매개치료 등 정말 다양한 심리치료가 존재합니다. 심리학자인 저로선 이런 영역에서 활동하시는 분들이 얼마나 제대로 훈련을 받

66

여기서 잠깐!

언어치료도 심리치료의 한 종류일 것이라고 생각하는 분들이 있습니다. 그러나 언어치료는 언어를 이용한 심리치료가 아니라, 언어 그 자체를 치료하는 것입니다. 읽기, 쓰기, 말하기 등 언어를 학습하고 활용하는데 어려움을 겪는 사람들이 치료 대상인데, 보통은 아동을 대상으로 합니다. 물론 언어에 문제가 있는 아동 중 일부는 자폐증이 있거나 지적 장애가 있는 경우도 있지만, 치료는 언어에 국한해 진행됩니다. 이런 문제가 없어도 언어 발달이 늦어서 언어치료를 받는 경우도 있지요.
언어치료사는 2012년 민간자격증에서 국가자격증이 되었고, 그 이름도 '언어재활사'로 바뀌었습니다.

99

았는지 의심이 들기도 하지만, 그렇다고 이분들이 잘못되었다고 단정지을 수 있을까요? 여러분은 어떻게 생각하세요?"

교수님의 질문에 학생들은 각자 자신의 경험을 털어놓습니다. 심리상담보다 미술치료를 받았을 때 마음이 더 편했다는 학생도 있습니다. 또 다른 학생은 이런 치료 방식이 자기 마음을 표현하는 것까지는 좋았는데, 그 이상은 기대하기 어렵겠다는 생각이 들어서 실망했다고도 합니다. 미술치료 대학원에 진학했다가 심리치료에 대한 제대로 된 커리큘럼이 없는 것에 실망해서 학교를 그만두고, 다른 심리상담 전공 대학원으로 진학한 지인이 있다는 경험담도 나옵니다.

"미술치료에 대한 경험은 많은 것 같은데, 다른 치료에 대한 경험이 있는 학생 혹시 있나요?"

교수님의 이야기에 한 학생이 조심스럽게 손을 듭니다. 문예창작을 전공한다고 자신을 소개한 그 학생은 글쓰기치료와 독서치료를 경험했다고 말합니다. 또 다른 학생은 자신이 직접 경험한 것은 아니지만 노인요양원에 자원봉사하러 갔을 때 음악치료사가 와서 노인들을 대상으로 음악치료 하는 것을 봤다는 이야기를 합니다.

이렇듯 다양한 매체를 활용한 심리치료에 대해서는 논란이 많습니다. 과학을 지향하는 심리학자들로선 그 효과를 증명하기 어려운 치료에 대해 회의적인 생각을 갖고 있지만, 심리치료에 대한 전문지식이 없는 일반인들은 쉽게 접할 수 있고 심리상담보다 저렴하게 참여할 수 있는 이런 치료에 더 끌리는 것도 사실입니다.

"교수님, 이런 종류의 치료를 심리치료라고 할 수 있나요?"

"글쎄요, 질문한 학생은 어떻게 생각하죠?"

"제 생각엔 전문적인 치료라고 보기는 어려울 것 같아요. 왜냐하면, 음……, 왜냐하면……."

학생은 더 이상 말을 잇지 못합니다. 자신의 주장을 뒷받침할 만한 명확한 근거가 떠오르지 않기 때문입니다. 막연하게 심리치료라고 인정하기 싫다는 마음만 있을 뿐, 그 분야에 대해서 잘 모르니 제대로 된 이유나 논리를 내세울 수 없는 것이지요.

다른 분야에 대해 부정적 의견을 말할 때는 이를 뒷받침할 수 있는 논리가 필요합니다. 그렇지 않다면 집단 이기주의, 밥그릇 챙기기로 보일 수밖에 없으니까요. 미술이나 음악을 비롯해 다양한 방법을 이용한 심리치료의 유용성에 대해 비판하기 전에 과연 심리상담의 목적이 무엇인지부터 생각해볼 필요가 있습니다.

만약 심리상담의 목적이 자기 내면의 탐색과 표현, 그리고 위로와 공감이라고 한다면 대화를 하든, 그림을 그리든, 노래를 부르든, 악기를 연주하든 큰 차이는 없을지도 모릅니다. 자신에게 가장 익숙한 방식으로 시도하면 그만이죠. 그러나 자기 표현을 넘어서 삶의 문제를 해결하고 대인 관계를 점검하면서 보다 행복한 삶을 위해 변화하는 것이 목적이라면 이야기는 달라집니다. 그림을 새롭게 그린다고 해서, 노래를 잘 부르게 된다고 해서, 악기를 연주하는 방식이 달라진다고 해서 우리 삶이 바뀌지는 않으니까요.

변화하기 위해서는 표현 방식을 넘어선 다른 것이 필요합니다. 바로 사람의 마음과 행동의 원리를 이해하고, 이를 삶에 적용시켜서 실제적인 변화를 끌어낼 수 있는 전략이죠. 이런 면에서 심리치료(심리상담)는 다른 치료가 갖지 못한 강점이 있다고 할 수 있습니다.

수업 시간 내내 조용히 교수님의 말씀과 학생들의 질문에 귀 기울이고 있던 한 여학생이 손을 들고 질문을 합니다.

"교수님, 저는 아동학을 전공하는 학생입니다. 아동학과 대학원에는 아동심리치료 전공이 있는데, 이를 전공한 선배들은 현장에서 주로 놀이치료를 한다고 합니다. 놀이치료에 대해서는 어떻게 생각하시나요?"

"아동을 대상으로 한 놀이치료는 성인을 대상으로 대화치료와 비슷하다고 볼 수 있습니다. 심리학과에서도 현장에서 아동을 대상으로 심리치료를 하려는 사람들은 놀이치료를 배우죠."

청소년이 되면서부터는 대화를 통해 마음을 드러낼 수 있어서 대화치료가 가능하지만, 어린아이들은 대화보다 놀이가 더 익숙합니다. 따라서 놀이를 통해 치료자와 상호작용해 실제 변화까지 유도할 수 있습니다. 하지만 성인을 대상으로 하는 놀이치료에는 한계점이 있는 게 사실입니다.

철하는 교수님의 설명과 학생들의 다양한 의견을 들으면서 심리상담이 더 이상 심리학의 전유물이 아닐 수도 있겠구나 하는 생각이 듭니다. 우후죽순처럼 생겨나는 온갖 다양한 치료에 대한 반감도 약간은 누그러졌습니다. 이전까지는 심리학자의 심리상담 외에는 모두 사이비라고 생각했거든요. 하지만 심리상담은 다른 치료가 갖지 못한 장점, 즉 표현과 표출을 넘어서 실제적인 변화와 성과를 끌어낼 수 있다는 교수님의 말씀에 힘이 납니다. 철하는 자신의 생각을 확인하려는 듯 교수님께 질문을 던집니다.

"교수님, 표현에 초점을 맞춘 다른 치료들과 달리 심리상담은 실제 변화를 끌어낼 수 있다고 하셨는데요. 그렇다면 정말 효과가 있다고 할 수 있는 거죠?"

"물론이죠. 심리상담을 하는 사람들은 연구를 중요하게 생각합니다. 심리학자들은 치료 성과를 비롯해, 치료의 원리와 과정에 대한 연구를 쉬지 않죠. 최근에는 다른 치료들도 효과 검증 연구를 하고 있지만, 연구의 정확성과 객관성에 있어선 심리상담을 따라오기는 어렵습니다."

철하는 이전에는 무조건 심리상담이 다른 치료보다 더 전문적이라고 우기기만 했다면, 이제는 더 확실한 근거를 가지고 설명해줄 수 있겠다는 생각에 기분이 좋아집니다. 그러다가 문득 이런 생각이 듭니다.

'아니, 처음부터 심리학이 심리상담 분야를 잘 지켰으면 이런 고민을 안 해도 되잖아. 왜 심리학자들은 왜 제 밥그릇도 제대로 지키지 못하고 다른 분야의 진입을 허용한 걸까?'

그때 교수님이 질문을 던집니다.

"여러분, 심리상담이 심리학자의 고유한 활동으로 남아 있지 않고 다른 분야와 계속 접목되거나 차용되는 이유는 무엇일까요?"

철하는 교수님이 자신의 마음을 읽었나 싶어 깜짝 놀랍니다. 어쩌면 교수님은 학생들에게 이 질문을 던지기 위해서 여기까지 이야기를 끌어온 것 같기도 합니다. 철하는 심리상담도 이와 비슷하지 않을까 하는 생각이 듭니다. 교수님은 상담자로서 내담자인 학생들과 함께 수업을 만들어가고 있는 것 같습니다. 일방적으로 자신의 생각을 주입하려는 다른 교수님들과 달리, 학생들과 함께 호흡하고 고민하면서 생각의 흐름을 따라가고 있으니까요. 은영 선배와 함께 나누었던 대화가 떠오릅니다. "훌륭한 상담자는 내담자 옆에서 함께 걷는 사람으로, 인도하지 않는 듯 자연스럽게 인도하기 때문에 저절로 두 사람의 마음은 통하게 된다."

다른 학생들도 교수님의 새로운 질문에 두 눈이 반짝거립니다. 그러나 뒤이어 나오는 교수님의 말씀에 학생들은 맥이 풀립니다.

"그런데 어쩌죠? 벌써 한 시간 반이 지났어요. 아마 대부분 강의 안내만 하고 끝날 것이라 생각했을 것 같은데, 어떻게 할까요? 10분쯤 쉬었다가 이야기를 조금 더 진행해볼까요, 아니면 여기서 끝내고 다음 주에 이어서 할까요?"

철하는 아쉽습니다. 다른 학생들은 분명히 다음 시간에 하자고 할 게 분명하니까요. 차라리 학생들에게 묻지 말고 계속 수업을 진행하시지, 학생들의 의견을 존중하는 교수님이 살짝 원망스럽기도 합니다. 그런데 이게 웬 일? 잠깐 쉬었다가 계속 하자는 학생들이 적지 않네요. 4년째 학교를 다니면서 이런 광경은 처음 보았습니다. 예상치 못한 선물을 받은 느낌이랄까요.

"일단 10분 쉬었다가 다시 이야기를 나눌게요. 대신 지금부터 나눌 이야기는 원래 강의 계획에는 없는 것이니 약속이 있거나 재미없는 학생들은 그냥 가도 괜찮아요. 오늘은 보너스 타임이니 먼저 가는 학생들에게 불이익은 없을 겁니다."

교수님의 말씀이 끝나자마자 학생들은 자리를 뜹니다. 가방을 들고 강의실 밖으로 나가는 학생도 있고, 화장실에 다녀오려는 학생, 커피를 마시러 가는 학생들도 있습니다. 교수님과 가까운 곳에 앉으려고 빈자리를 찾아 앞으로 가는 학생도 보입니다. 철하도 좀 더 앞자리로 가려고 가방을 싸고 있는데, 뒤에서 익숙한 목소리가 들립니다.

"너 철하 아니니?"

철하는 목소리의 주인공을 쳐다봅니다. 어디서 많이 본 얼굴인데, 뚜렷이 기억나지는 않습니다.

"어, 그래. 안녕. 그런데 누구였더라?"

"섭섭하다, 철하야. 나 석영이야. 1학년 때 같이 수업을 들었잖아. 2학년 때 넌 심리학 전공을, 난 사회학 전공을 선택했지."

"아, 기억난다! 그런데 너 아직도 졸업 안 했어?"

철하는 그제야 생각이 납니다. 학부 소속이던 1학년 시절, 같이 수업을 들으며 조별 모임도 함께해서 친해졌던 석영입니다. 서로 집도 가까워 자주 이야기를 나누었는데, 다른 전공을 선택하고 1년 후 철하가 입대하면서 연락할 일이 뜸해졌지요. 게다가 철하는 복학이 늦어져서 대부분의 동기가 졸업한 상태라, 석영이를 학교에서 만나리라고는 꿈에도 생각지 못했습니다.

"그나저나 어떻게 나를 알아봤어? 나도 아까 아는 사람 있을까 해서 계속 둘러봤거든. 그때는 네가 안 보였는데."

"난 맨 뒤에 앉아 있었어. 그나저나 너, 오늘 수업의 주인공 같던데. 나도 처음에는 그냥 익숙한 목소리라고만 생각했는데, 끊임없이 질문하는 네 모습이 낯익은 것 같아서 자세히 쳐다봤지. 하하."

철하는 수업의 주인공 같았다는 석영이의 말에 쑥스러우면서도, 조별 모임을 같이할 사람이 생겨서 안심되기도 합니다. 석영이는 철하를 따라 강의실 앞쪽으로 자리를 옮깁니다. 철하는 반가운 마음에 다시 안부를 묻습니다.

"그런데 넌 왜 아직도 졸업하지 않은 거야?"

"사정이 좀 있었어."

철하는 석영이가 그동안 어떻게 지냈는지 궁금해서 더 묻고 싶지만, 교수님이 강의실로 들어오시는 모습이 보입니다. 석영이는 철하에게 귓속말로 수업 끝나고 시간이 있으면 이야기 좀 하자고 합니다.

제 마음도 괜찮아질까요?

정신건강 분야에는 다양한 전문가가 종사하고 있다.

정신과 의사　심리상담사　정신건강　음악/미술/놀이　임상심리
　　　　　　　　　　사회복지사　　치료사　　전문가

그래서 일반인들은 약간 혼란스러울 때도 있다.

정신과?　　심리상담?

상담심리사?　　임상심리사?

일단 약물 처방은 정신과에서만 받을 수 있다.

로라제팜　자낙스　졸로프트　렉사프로

프로작

따라서 약물 치료가 필요한 경우에는 반드시 정신과에 가야 한다.

약물 치료는 저렴한 비용으로 비교적 빠르게 증상을
조절할 수 있어 좋다.

다만 심리상담을 기대하고 정신과에 간다면

기대와 달라 실망할 수 있다.

약 처방해드릴테니
2주후에 다시
오세요~

✻ 물론 심리치료 하는 정신과 의사도 많습니다!

임상심리사와 상담심리사는 칼같이 구분하기가 어렵다.

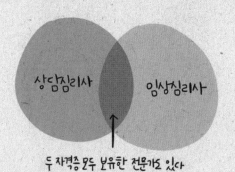

상담심리사   임상심리사

두 자격증 모두 보유한 전문가도 있다

임상심리가 '임상군'에 특화되어 있다면
상담심리사는 다양한 적응의 문제를 다룬다.

우울증   사회불안   가족갈등

발표불안   진로고민

PTSD   대인관계갈등

공포증   부부불화

그런데 이런 문제들은 정확하게 구분되지 않을 때가 많다.

누군가 나에게 어디를 가야 할지 모르겠다고 물어보면

대략 이런 느낌으로 추천해준다.

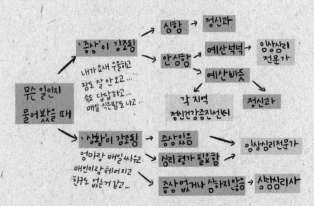

하지만 사실 중요한 건 어떤 전문가를 만나느냐가 아니라

문제가 있을 때 어떤 전문가든 만나는 것이다.

이렇게 많은 전문가가 기다리고 있으니!

상담과 심리학

교수님은 칠판에 큼지막하게 '상담과 심리학'이라는 글자를 쓰더니 학생들을 돌아봅니다.

"먼저 우리가 알아야 할 것이 있습니다. 상담과 심리학의 관계죠. 혹시 상담이 언제 시작되었는지 아는 학생 있나요?"

누구도 생각해보지 못한 질문이라 학생들이 고민하는 사이 한 학생이 이야기합니다.

"심리학 개론 시간에 심리학의 시작이 1879년이라고 배웠거든요. 그렇다면 아마도 19세기 후반이나 20세기 초반이 아닐까요?"

"상담이 심리학으로부터 나왔다고 생각하는군요. 그렇죠?"

강의실 안의 학생들 모두 고개를 끄덕입니다. 상담이 다른 분야와 쉽게 접목되고 있다는 사실은 알고 있지만, 원래는 심리학의 하위 분야일 거라고 생각한 것이지요. 그러나 교수님의 말씀은 학생들의 생각을 완전히 뒤엎습니다.

"상담은 심리학의 하위 분야로 시작된 게 아니에요. 상담은 인류의 역사와 함께 시작되었다고 할 수 있죠. 사람들이 함께 모여 살고, 관계를 맺으면서 공부, 연애, 놀이를 했던 것처럼 상담도 그렇게 시작된 일상적인 활동입니다. 처음에는 심리학과 무관했다고 할 수 있죠."

상담이 심리학의 하위 분야가 아니라 일상적인 활동이었다는 교수님의 말씀에 학생들은 의아해합니다. 지금은 상담이라고 하면 심리학

제 마음도 괜찮아질까요?

을 떠올리고, 심리학의 하위 분야 중에서도 심리상담이 가장 많이 알려져 있으니까요.

철학자들이 정치와 경제, 학문을 주도하던 시대에 사람들은 철학자를 찾아가 삶의 고민을 털어놓고, 그들의 이야기를 들었습니다. 즉, 상담을 한 셈이죠. 종교가 세상을 움직이던 시대에는 성직자가 상담가 역할을 했습니다. 공교육이 자리를 잡으면서 교사도 학생들 혹은 지역 주민들의 어려움을 해결하고 위로해주는 상담가 노릇을 하고 있지요.

이처럼 상담은 오랜 기간 학문과는 무관한 일상적인 활동이었습니다. 그러던 중 19세기 후반부터 심리학자와 정신과 의사들이 심리치료와 상담 이론을 만들어 발표하기 시작했습니다. 특히 20세기 중반 칼 로저스(Carl Rogers)를 비롯해 몇몇 심리학자가 기존 상담 활동을 뒷받침할 만한 이론을 만든 덕분에, 상담은 체계를 잡기 시작했고 하나의 학문으로 발전합니다. 일상적인 활동이었던 상담을 상담학이라는 학문이 되도록 기여한 사람이 심리학자들이었기 때문에 사람들은 상담과 심리학을 동의어로 인식하게 된 것이지요.

상담이 본래 심리학과 무관한 활동이었으며, 심리학자가 상담을 체계화한 이후에야 심리학과 연관되었다는 이야기를 들으며 학생들은 적지 않게 놀랍니다. 어디서도 들어본 적이 없는 이야기였기 때문이지요.

"심리학자가 상담 이론을 만들었지만 정작 심리학 내부에서 상담학은 환영 받지 못했습니다. 왜 그럴까요?"

학생들은 조용합니다. 이 역시 생각해본 적이 없는 문제이기에 대충이라도 답할 수 없는 질문이었으니까요.

"너무 어렵게 생각하지 마세요. 여러분이 1학년 심리학 개론 수업 시간에도 들었던 내용이니까요. 심리학 개론 첫 시간에 교수님들이 가장 강조한 게 무엇인가요?"

"심리학은 과학이라는 것입니다!"

맨 앞에 앉아 있던 학생이 대답합니다. 그러나 대부분의 학생은 심리학이 과학이라는 사실은 배웠지만, 이것이 왜 상담이 심리학 내부에서 환영받지 못한 이유와 관련 있다는 것인지는 알지 못하겠다는 표정입니다.

여기서 잠깐!

심리학은 스스로를 과학이라고 주장합니다. 이런 주장은 괜한 것이 아닙니다. 실제로 심리학자들은 사람의 마음과 행동에 대해 가설을 세우고, 이를 증명할 수 있는 자료를 수집하죠. 사변적으로 접근하지 않고, 자료를 모아 검증합니다.

그런데 심리학은 왜 과학이라는 정체성을 가지게 되었을까요? 많은 사람이 심리학을 응용학문으로 알고 있지만, 사실 심리학은 기초학문입니다. 인간의 정신 과정에 대한 궁금증에서 시작되었죠.

본래 인간의 정신은 무엇으로 구성되어 있는지, 인간은 어떻게 지식을 얻는지 같은 질문은 철학자의 몫이었습니다. 철학의 한 분야인 인식론의 주제죠.

그런데 근대 이후 사변적인 논쟁이 아니라 자료를 모아 검증하는 과학적 접근으로 이 주제를 연구하는 사람들이 생겨났습니다. 이들 중 빌헬름 분트(Wilhelm Wundt)가 독일 라이프치히 대학에 최초의 심리학 연구소를 세웁니다. 그래서 분트를 '현대 심리학의 아버지'라고 부르는 겁니다.

요약하자면 심리학의 내용은 철학이고, 방법은 과학입니다. 심리학자들은 자신들의 정체성을 내용이 아닌 방법에 두었고, 이 때문에 현대 심리학은 과학이라는 틀을 갖게 된 것입니다.

제 마음도 괜찮아질까요?

"상담은 일상적인 활동이기 때문에 객관적으로 연구하기가 쉽지 않습니다. 이 때문에 과학을 지향하는 심리학자들은 심리상담이 심리학의 하위 분야가 되는 것을 반기지 않았죠."

물론 지금이야 심리학의 하위 분야에 자리 잡은 심리상담 분야에서도 활발한 연구가 진행되고 있지만, 초기에는 입지를 다지기가 상당히 어려웠습니다. 이 때문에 심리학이 가장 발달한 미국에서조차 심리상담이 전공 과목으로 설치돼 있는 심리학과가 많지 않습니다. 오히려 교육학과 내에 심리상담 전공이 더 많을 정도입니다.

이는 미국만의 이야기가 아닙니다. 우리나라에서도 심리상담 전공은 심리학과보다 교육학과에 설치된 경우가 더 많습니다. 현장에서 상담가로 활동하시는 분들의 전공을 봐도 심리학 못지않게 교육학의 하위 분야로 심리상담을 전공한 분이 많죠.

"그렇다면 교수님, 심리상담이 심리학 내부에서는 찬밥이었다면 교육학에서는 환영을 받았나요?"

"그렇습니다. 교육 현장에서는 아주 오래전부터 심리상담이 필요했고, 실제로 많이 진행되어왔으니까요. 심리학자가 체계를 잡은 심리상담은 교육학을 비롯해 각종 종교로도 유입됐습니다. 우리나라에서도 개신교, 천주교, 불교의 종교인들이 실제로 활발하게 심리상담을 하고 있고, 나름대로의 교육과 훈련을 통해 자격증도 발급하고 있으며, 관련 학교에 전공이 설치되어 있기도 합니다. 종교뿐만 아니라 아동학, 가족학에 유입돼 아동심리치료나 가족치료 같은 하위 분야가 만들어지고,

심지어 사회복지 분야에도 들어가서 자리 잡았습니다."

"그럼 철학자들은 왜 상담을 하는 거죠?"

"철학자들은 사람들에게 삶의 문제를 듣고, 그 문제에 나름의 답을 주는 역할이 자신들의 것이라고 생각할 겁니다. 그들의 입장에서는 심리학자들이 갑자기 나타나 자신들의 역할을 빼앗았다고 불평할 수도 있지 않을까요?"

상담을 심리학자의 고유한 전문 영역으로 알고 있었던 학생들은 혼란에 빠집니다. 심리학자들이 다른 분야의 전문가들에게 침해당했다고 여겨왔는데, 교수님의 말씀으로는 오히려 예전부터 있던 상담이라는 일상적인 활동에 심리학이 뒤늦게 끼어든 셈이니까요.

철하는 배신당한 느낌입니다. 자신이 부모님의 유일한 자식인 줄 알았다가 갑자기 배다른 형제를 만난 일일드라마의 주인공이 된 것만 같습니다. 더 당황스러운 것은 교수님의 표정입니다. 이 모든 혼란을 예상이나 했다는 듯이 너무나 편안해 보입니다. 교수님은 학생들의 반응이 흥미롭다는 듯 가만히 쳐다보고 계십니다.

제 마음도 괜찮아질까요?

코칭이 뭐예요?

웅 소리가 나면서 책상에 올려놓았던 휴대폰 액정이 켜집니다. 은주의 문자입니다.

> 철하야, 오늘 상담심리학 수업 시작이지? 내가 부탁한 것 꼭 물어봐줘.
> 상담과 코칭의 차이. 알았지?

솔직히 심리상담에 대한 애정이 식어버린 것 같아 아무것도 질문하고 싶지 않습니다. 마치 자기에게 이별 통보를 한 애인에게 무슨 꽃을 좋아하는지 물어봐야 하는 것처럼 떨떠름합니다. 그래도 친구의 부탁이니 거절할 수 없어서 손을 들고 질문합니다.

"교수님, 조금 방향이 다른 이야기일 수도 있겠지만 궁금한 게 있습니다. 심리상담과 관련해서 요즘 코칭이라는 말을 자주 볼 수 있습니다. 코칭에 대한 설명을 읽어보면 심리상담과 비슷하다는 생각이 드는데, 심리상담과 코칭은 어떤 점이 다른가요?"

코칭에 대해 들어보셨나요? 스포츠 분야에서 주로 사용하는 코치(coach)라는 단어가 요즘에는 심리학 분야에서도 사용되고 있습니다. 인터넷에서 코칭에 대한 설명을 찾아보면 '행복'이나 '성장' 같은 단어들도 눈에 띕니다. 이 때문에 코칭과 심리상담은 별반 다르지 않다는 생각이 들기도 합니다.

"다른 이야기가 아니라 지금 주제와 어울리는 이야기네요. 상담은 본래 심리학과 무관하게 자신의 문제를 해결하기 위해 다른 사람과 의견을 교환하는 일상적인 활동이라고 설명했습니다. 그런데 점점 심리적 고통이 있거나 정신이 이상한 사람이 심리상담을 받는다는 인식이 생겨나게 됐습니다. 주변 사람들에게 심리상담을 받아보라고 말하기 어려운 것도 이 때문이죠."

철하는 은주에게 심리상담을 권했다가 지선이가 크게 화냈던 일이 떠오릅니다. 그래도 은주와 지선이는 자신의 마음을 이해해줄 만한 사람이니까 용기내서 이야기했지, 다른 사람이었다면 아예 이야기를 꺼내지도 못했을 겁니다.

물론 심리상담은 그 목적을 우울이나 불안 등 심리적 고통 해결에 국한하지 않습니다. 특별한 어려움이 없는 사람이라도 자신의 잠재력을 발휘해서 더 즐겁고 행복한 삶을 살 수 있도록 도와줄 수도 있습니다. 그러나 오해와 편견 때문에 이런 목적으로 심리상담을 받으려는 사람은 많지 않습니다. 그래서 새로운 명칭과 접근방식이 필요했고, 결국 코칭이라는 말이 사용되기 시작했죠. 정리하자면, 코칭이란 현실적 문제 앞에서 자신의 잠재력을 발휘할 수 있도록 격려하고, 보다 행복하고 효율적으로 살 수 있도록 도와주는 활동입니다. 스포츠 분야의 코치들이 운동선수가 최고의 능력을 발휘할 수 있도록 도와주는 것과 비슷하다고 해서 붙인 이름입니다.

코칭 심리학은 심리학의 하위 분야 중에서도 최근에 생겨났습니다.

이 때문에 코칭이 무엇인가는 여전히 논란이 되고 있고, 전문가들 사이에서도 확실하게 자리 잡은 개념은 아닙니다. 또한 다른 사람이 잠재력을 발휘하도록 도와준다는 코칭의 목적은 기존 심리상담가들도 심리상담에서 추구하는 것이기도 합니다. 실제로 한국심리학회 산하 코칭심리학 소속 회원들도 심리상담이나 임상, 건강심리학 등 심리치료 관련 분야의 전문가가 다수를 이루고 있습니다.

카운슬(counsel)은 '함께'를 뜻하는 접두사 콘(con-)과 '의견'을 뜻하는 실리움(silium)의 합성어입니다. 함께 의견을 나눈다는 의미로 상담(相談)이라는 한자로 옮길 수 있습니다. 그런데 카운슬의 영어 어원은 '자문'을 의미하는 컨설트(consult)와 같습니다. 결국 카운슬링, 컨설팅, 코칭 모두 전문적인 도움이 필요한 사람이 전문가를 만나 대화를 통해 원하는 목적을 얻는 활동이라고 할 수 있습니다. 누가 원하고, 누가 진행하느냐, 그리고 어떤 내용을 주로 다루느냐에 따라 약간의 차이는 있지만 결국 본질은 같다고 할 수 있습니다.

철하 옆에서 조용히 교수님과 다른 학생들의 이야기를 듣고 있는 석영이의 얼굴이 불편해 보입니다.

"석영아, 왜 그래? 몸이 안 좋아?"

"아니, 마음이 불편해."

"무슨 일인데?"

"잠깐, 철하야. 교수님께 질문 좀 해야겠어."

불편한 마음인데 교수님께 질문해야겠다는 석영이의 말에 철하는 놀랍니다. 자신의 기억이 맞는다면 석영이는 조용한 아이였습니다. 조별 활동을 할 때도 엉뚱하고 나서기 좋아하는 자신과 달리 조용하면서도 힘 있게 자신의 생각을 전달하고, 타인을 배려하는 친구였죠. 그동안 어떻게 지내왔는지 모르겠지만 철하가 느끼기에 예전과는 분명 다른 모습입니다. 왠지 위축되고 기가 죽어 보인다고나 할까요.

"교수님! 질문 있습니다. 저는 사회학 전공 박석영입니다."

학생들의 참여가 반가운 교수님은 석영이를 밝은 얼굴로 쳐다봅니다. 그런데 석영이의 표정이 좋지 않자, 걱정스러운 얼굴로 대답합니다.

"네, 질문하세요. 그런데 안색이 안 좋아 보여요. 혹시 몸이 힘들다면……"

"아니요. 교수님. 저는 지금 마음이 힘듭니다. 교수님 수업을 듣다 보니 마음이 너무 힘드네요."

석영이는 왈칵 눈물을 쏟습니다. 교수님도, 옆에 앉아 있던 철하도, 다른 학생들도 모두들 당황합니다. 철하는 주변 학생들에게 화장지를 빌려 석영이에게 건네줍니다. 교수님은 이 모든 과정을 그저 묵묵히 바라보고 계십니다.

"학생, 괜찮아요? 마음이 불편하다니 걱정스러운 마음도 들고, 또 한편으로는 제 수업 때문이라니 무슨 이유인지 궁금한 마음도 들어요."

눈물을 닦던 석영이는 교수님의 대답을 듣고 조금 놀랐습니다. 어린 시절부터 눈물이 많았던 석영이는 울기만 하면 부모님에게 늘 혼났기 때문입니다. 그런데 자신의 마음이나 행동을 비난하거나 평가하는 게 아니라 느껴지는 감정을 있는 그대로 이야기하는 교수님이 고맙게 느껴집니다.

"저는 심리학을 전공하지 않아서 심리상담에 대해선 잘 모릅니다. 저 같은 사람으로선 심리상담을 받으러 갈 때 당연히 큰 기대를 할 수밖에 없습니다. 그런데 오늘 교수님의 말씀을 들으니 심리상담은 전혀 전문적이지 않은 것 같아요. 관련 전공을 공부하지 않아도, 자격증이 없어도, 심지어 사기꾼이더라도 심리상담을 할 수 있다는 것처럼 들리네요. 어떻게 그런 무책임한 말씀을 할 수 있으세요?"

석영이는 잠시 멈추었던 울음을 다시 터뜨립니다. 울음과 함께 쏟아지는 석영이의 말은 절규에 가깝습니다. 철하는 책상에 엎드려 우는 석영이를 위로해줍니다. 왜 저렇게 감정이 격해졌는지 궁금해하는 학생도 있고, 교수님에 대한 석영이의 태도가 못마땅하다는 듯 쳐다보는 학생도 있습니다. 그런 모습들을 보며 철하는 교수님이 불쾌해하시지 않을까 걱정됩니다. 그런데 교수님의 표정은 다릅니다. 안쓰러워하면서 석영이가 마음을 가라앉히기를 기다리고 있는 것 같습니다.

잠시 뒤 마음을 가라앉힌 석영이가 말합니다.

"죄송합니다. 제가 수업을 방해했네요."

"아니에요. 그럴 만한 이유가 있을 거라고 생각해요."

"사실 작년에 심리상담을 받았던 게 생각났어요. 정말 힘든 일이 있어서 찾아갔는데, 심리상담을 통해 도움을 받기는커녕 더 큰 상처를 입었어요. 나중에 알고 보니 홈페이지만 그럴듯하게 만들어놓은 사기꾼이더라고요. 심리학을 공부한 적도 없었어요. 자격증이 없는 것은 물론이고요."

교수님도 철하도, 그리고 함께 수업을 듣고 있던 다른 학생들도 석영이의 마음을 이해합니다.

"저는 그 사람을 어떻게든 벌 받게 하려고 이리저리 알아보았는데 방법이 없더라고요. 그때도 정말 분노했는데, 오늘 교수님의 말씀이 그 사람을 옹호해주는 것처럼 느껴져서 참을 수 없었어요."

석영이가 이야기한 것처럼 심리상담에는 법적 제약이 없습니다. 이 때문에 많은 문제가 일어나고 있는 것도 사실입니다. 이를 해결하기 위해서 학회 차원에서도 다양한 노력을 하고 있지만 쉽지는 않아 보입니다. 그래서 미봉책이긴 하지만 심리학과 교육학을 비롯해 체계가 잡힌 학교에서 심리상담을 전공하고 현장에서 일하는 심리상담 전문가들은 흉내만 내는 엉터리들이 따라올 수 없도록 전문성을 더욱 고취시키려고 하고 있습니다.

실제로 전문적인 심리상담에는 몇 가지 특징이 있습니다. 첫 번째는 '틀'입니다. 틀이란 상담을 전문적으로 진행하기 위한 조건을 말합니다.

심리상담의 틀에는 여러 가지가 있지만 가장 중요한 것은 시간과 장소, 상담비입니다. 심리상담은 아무 때나 하는 것이 아니라 미리 약속한 날짜와 시간에 진행합니다. 개인상담을 기준으로 보통 50분간 진행하는데, 상담자의 상태나 내담자의 기분에 따라 바뀌면 안 됩니다. 집단상담은 매주 두 시간 정도 진행됩니다. 물론 정확한 시간은 상담자와 심리상담센터마다 다를 수 있지만, 중요한 것은 모든 것을 미리 정하고 이를 지켜야 한다는 점입니다.

장소도 중요합니다. 긴급한 상황에서는 예외가 있을 수도 있지만, 특별한 이유가 없다면 정해진 장소에서 진행해야 합니다. 정해진 장소는 가급적 주변의 방해를 받지 않는 조용한 공간이어야 합니다. 부득이한 경우 카페 같은 곳에서도 심리상담을 하지만, 이 역시 한 장소를 정해 진행해야 합니다.

상담비 역시 미리 정해야 합니다. 매번 상담비가 달라져서는 안 되죠. 이렇듯 상담의 틀을 정하는 것을 '구조화'라고 부르는데, 이는 보통 상담 첫 시간에 이루어집니다.

"그러고 보니 그 사람에게는 틀이 없었어요. 심리상담 시간을 자기 스케줄에 맞춰서 수시로 바꾸는 것은 물론, 바쁘다는 이유로 자주 늦기도 했죠. 상담비도 회당 20만 원으로 터무니없이 비쌌고요."

석영이의 이야기에 모두들 놀랍니다. 뭐 그런 사기꾼이 있냐면서 분통을 터뜨리는 학생도 있습니다.

철하는 교수님의 이야기를 듣다가 궁금한 것이 생겼습니다.

"심리상담의 틀이 예전에는 전문적인 심리상담의 특징이었는지 모르겠지만, 요즘에는 이런 정보를 쉽게 얻을 수 있으니 사기꾼이라도 시간과 장소, 상담비 정도는 쉽게 정할 수 있을 것 같아요. 일반인들로선 이런 기준으로 제대로 된 상담 전문가인지 구별하기 어렵겠는데요."

"맞아요. 그런데 제대로 훈련받지 못한 엉터리가 갖출 수 없는 것이 있습니다. 바로 이론입니다. 이론이 중요한 이유는 심리상담이라는 여행의 지도와 같기 때문이죠. 심리상담이 최고의 효과를 내도록 하는 전략이기도 합니다."

모든 학문에는 이론이 있습니다. '이론은 현실과 맞지 않아'라고 말하는 사람들도 있지만, 이는 사실이 아닙니다. 이론은 현실 경험의 압축이니까요. 수많은 심리학자들이 자신들의 심리상담 경험을 통해 나름의 가설을 세우고 그것을 경험적으로 확인한 것이 바로 이론입니다. 마치 의사가 환자의 질병을 파악한 후에 치료 계획을 세우듯, 상담자는 내담자의 이야기를 듣고 이론에 근거해 어떻게 접근해야 할지 계획과 전략을 세웁니다.

그렇기 때문에 심리상담을 받을 때, 상담자에게 어떤 이론에 근거해서 훈련을 받았고, 어떤 이론적 접근법을 취할 것인지 물어보는 것도 좋은 방법입니다. 하지만 모든 심리상담가가 단 하나의 이론만으로 접근하는 것은 아닙니다. 자신의 이론적 배경을 정확하게 한 가지로 밝히는 상담자도 있지만, 경우에 따라 여러 이론을 통합하거나 절충해서 접근하는 상담자도 있습니다. 이를 가리켜 통합적·절충적 접근법이라고

심리상담 이론의 종류는 셀 수 없을 정도로 많습니다. 그러나 크게 분류하면 정신역동적 접근, 현상학적 접근, 인지행동적 접근으로 나눌 수 있습니다.

정신역동적 접근에는 지그문트 프로이트(Sigmund Freud)의 정신분석, 칼 융(Carl Jung)의 분석심리, 알프레드 아들러(Alfred Adler)의 개인심리, 대상관계이론 등이 있죠. 이론마다 지향하는 바가 조금 다르지만 대체로 무의식과 어린 시절을 중심으로 심리적 어려움을 이해하려고 합니다. 치료의 목적은 무의식과 어린 시절의 영향에서 벗어나 자신의 의지(의식)대로 현실에서 살아갈 수 있게 하는 것입니다.

현상학적 접근에는 칼 로저스(Carl Rogers)의 인간 중심 치료, 프리츠 펄스(Fritz Perls)의 게슈탈트 치료를 비롯해 실존주의 철학에 근거한 실존주의 치료 등이 있습니다. 현상학적 접근에서는 자기 내면의 욕구나 감정에 주목합니다. 세상에서 강요받은 가치관이나 삶의 규칙에 얽매이기보다는 내면의 목소리에 귀를 기울이는 것을 목적으로 합니다.

인지행동적 접근에는 앨버트 엘리스(Albert Ellis)의 합리적 정서행동 치료(REBT), 아론 벡(Aaron Beck)의 인지행동치료가 대표적입니다. 변증법적 행동치료(DBT), 수용과 전념 치료(ACT) 등 마음챙김 명상과 접목한 새로운 인지행동 접근도 있습니다. 인지행동적 접근은 자신과 세상을 바라보는 관점을 새로운 관점으로 바꾸고, 더 나아가 새로운 행동방식을 갖도록 합니다.

여기에 언급되지 않은 이론이더라도 그 뿌리는 이 세 접근법 중 하나에 있을 가능성이 높습니다. 마지막으로 여러 이론을 내담자의 문제에 맞게 적용하는 절충적·통합적 접근법도 있습니다. 이런 접근법을 주장하는 사람들은 상담가가 하나의 이론만 고수하는 것은 유사 종교와 다르지 않다며, 자신이 선호하는 이론을 내담자에게 적용하기보다는 내담자의 문제에 따라 유연하게 여러 이론을 사용할 수 있어야 한다고 주장합니다.

결과적으로, 제대로 훈련받은 상담가라면 하나의 이론을 고수하든 절충적 접근법을 사용하든 이론에 근거한 훈련을 받습니다.

"

부릅니다.

"석영 학생이 만난 그 엉터리 상담가는 이론적 접근법이 없거나 자기 나름의 개똥철학이었을 가능성이 매우 높아요."

석영이는 마음을 추스르면서 다른 학생들이 전문적 심리상담의 특징에 대해 나누는 이야기에 귀를 기울입니다. 그러나 철하는 석영이에게 도대체 무슨 일이 있었던 것인지 궁금할 따름입니다.

제 마음도 괜찮아질까요?

힘내라는 위로보다 진심을 담은 솔직함

수업이 끝난 후, 철하와 석영이는 학생회관 건물에 있는 카페로 발걸음을 옮깁니다.

"뭐 마실래? 내가 사올게."

"고마워. 난 녹차 마실게."

철하는 석영이를 위해 음료를 주문하러 가면서 대학 1학년 때 조별 모임을 위해 석영이와 함께 종종 이 카페에 들렀던 생각이 납니다.

철하는 무슨 말을 어떻게 시작해야 할지 고민됩니다. 그저 오랜만에 만난 친구 사이처럼 회포를 풀기에는 석영이의 현재 감정 상태에 마음이 쓰입니다. 아직 졸업을 하지 않았다는 사실이나 심리상담을 받았다는 것으로 미루어보아 분명히 힘든 일이 있었던 것 같은데, 무슨 일이 있었냐고 물어보자니 딱히 도움을 줄 수도 없으면서 오히려 옛날 일을 떠올리게 만들어 석영이를 더 힘들게 하는 것은 아닐까 걱정됩니다. 고민하던 철하는 상대방을 위하는 진심이 있다면 솔직하게 마음을 표현하는 것이 최선이라는 생각에 용기를 내 이야기를 꺼냅니다.

"석영아, 수업 시간에 네 이야기를 들으니 힘든 일이 있었던 것 같아서 지금 무슨 말을 어떻게 해야 할지 조심스러워. 네 이야기가 궁금해서 묻고 싶지만, 오히려 그게 너를 더 힘들게 하지 않을까 걱정돼. 내가 심리상담가도 아니라서 너에게 도움이 될 리도 없고, 괜히 상처만 들쑤시는 건 아닌가 싶어서……."

철하는 자신의 마음을 꾸미지 않으면서 최대한 조심스러우면서도 솔직하게 이야기합니다. 철하의 솔직함을 좋아하는 사람들도 있지만, 때로는 불쾌하거나 당황스럽게 여기는 사람들도 있습니다. 철하는 혹시 석영이가 후자의 반응을 보이면 어쩌나 걱정됩니다.

"사람들은 내가 힘들어하면 대화 주제를 돌리거나, 끝까지 내 말을 듣지도 않고 '힘내'라는 위로를 해주었어. 그런데 네가 솔직하게 네 마음을 말해주니 오히려 마음이 편해지는 것 같아. 너만 괜찮다면 내 이야기를 하고 싶어."

"휴, 다행이다. 네가 내 마음을 있는 그대로 받아들여주니 말이야. 그런데 석영아, 어떤 일이 있었는지 모르겠지만 심리상담을 받는 게 낫지 않을까?"

"나도 그래 볼까 해. 그런데 처음 만난 가짜 상담가에게 너무 큰 상처를 받아서 여전히 두려워. 일단 내 이야기 좀 들어볼래? 심리상담을 받기 전에 너에게 묻고 싶은 것이 있어."

석영이는 숨을 고르더니 자신의 이야기를 털어놓기 시작합니다. 고등학교 3학년 때 석영이의 부모님이 이혼하셨다는 이야기로 말문을 엽니다. 위로 나이 차이가 꽤 나는 언니와 오빠는 먼 곳에서 직장을 다니느라 이미 독립한 상태였죠. 석영이의 부모님은 아주 오래전부터 사이가 안 좋았는데, 막내 석영이를 위해 형식적으로나마 부부 관계를 유지하다가 결국 갈라서기로 했답니다. 석영이도 부모님이 이혼하실 것으로 예상하고 있었지만, 수능을 준비하던 시기에 그런 일이 벌어질 줄

제 마음도 괜찮아질까요?

은 꿈에도 몰랐다고 합니다. 악몽 같은 한 해가 지나고 석영이는 힘들게 대학에 입학했습니다. 학교가 집에서 멀었기 때문에 자연스럽게 독립하면서 부모님과는 연락을 끊어버렸습니다. 그래서 아르바이트를 해서 등록금과 생활비를 벌어야 했기 때문에 휴학과 복학을 반복했던 겁니다. 그러다가 3년 전 좋은 일자리가 생겨서 장기 휴학을 신청해놓고 아예 취직을 했습니다. 여기까지 이야기한 석영이는 더 이상 말을 잇지 못하고 눈물을 흘립니다.

"괜찮아? 힘들면 더 이야기 안 해도 돼."

"혹시 네가 더 듣고 싶지 않은 건 아니지?"

석영이의 말에 철하는 마구 고개를 흔듭니다.

"아니야. 무슨 소리를……. 네가 힘든 것 같아서 그래."

"그럼 더 이야기할게. 그런데 직장에서 회식하던 날, 상사에게 성폭행을 당했어."

철하는 가슴이 철렁 내려앉았습니다. 다시 흐느끼는 석영이를 쳐다보면서 무슨 말을 해야 할지 알 수 없습니다. 그저 마음이 괴롭습니다. 그러나 가만히 있으면 오히려 석영이가 불안해질까 싶어서 조심스럽게 마음을 전합니다.

"석영아, 이야기를 듣는 나도 너무 놀라고 화가 나는데 넌 오죽 하겠니. 정말 세상이 너무 한다. 그나저나 그 자식 누구야?"

꾸미지 않고 자신의 마음을 솔직하게 전하는 철하의 모습에 석영이는 위로를 받은 느낌입니다. 부모님의 이혼, 잦은 휴학과 복학, 그리고 끔찍한 과거의 사건에서 석영이를 정말 힘들게 한 것은 세상에 혼자 남겨졌다는 기분이었습니다. 하지만 지금은 자신의 편에 서서 함께 화를 내주는 친구가 있어서 다행이라는 생각이 듭니다.

그 이후 직장을 그만둔 석영이는 너무 힘든 나머지 심리상담을 받으러 갔습니다. 처음에는 그 직장 상사를 죽이고 싶을 정도로 화가 났는데, 시간이 지날수록 자신을 탓하고 원망하게 되었습니다. 자신이 그때 술만 많이 마시지 않았더라면, 몸가짐만 제대로 했더라면, 평소 그 직장 상사와 친하게 지내지 않았더라면 등 온갖 이유를 들어 모든 것을 자신의 책임으로 돌리게 되었습니다.

"철하야, 너도 내 잘못이라고 생각하니? 내가 그 상사에게 그럴 여지를 주었다고 생각해?"

"너 지금 무슨 소리를 하는 거야! 네 탓이라고 누가 그래? 절대 아니야. 넌 피해자야. 모두 그 자식 잘못이라고! 넌 아무런 잘못도 없어!"

저녁시간이 다 되어가서 카페에 학생들이 거의 없었기에 망정이지, 크게 소리 지르는 철하의 모습에 도리어 석영이가 주위를 두리번거립니다. 그러나 석영이의 잘못이 아니라고 단호하게 말해주는 철하의 목소리가 석영이에게는 큰 위로가 됩니다.

사람에게는 자신과 세상을 통제하고 싶은 욕구가 있기 때문에 과거의 잘못을 분석해 원인을 찾으려는 경향이 있습니다. 그러나 우리의 삶은 같은 일이 반복되지 않고 통제 불가능한 일도 많아서, 자책하는 것은 미래를 예측하는 데 도움이 되지 않을 뿐더러 엉뚱하게 자신에게

제 마음도 괜찮아질까요?

원인을 돌려서 자기비난만 키우는 역효과를 초래하기도 합니다.

석영이처럼 힘든 일을 겪은 사람은 자신이 그 상황에서 무력할 수밖에 없었다고 받아들이기보다는 어떻게 했어야 그 상황을 통제할 수 있었을지 생각합니다. 실제로 통제할 수 없는 상황을 통제하려는 경향을 '통제력 착각(illusion of control)'이라고 부릅니다. 현재의 시각에서는 과거의 사건이 선명하게 보이기 때문에 '그때 이렇게 했으면 그런 일을 당하지 않을 수 있었을 것'이라고 생각하게 됩니다. 이런 생각이 꼬리에 꼬리를 물어 자기비난으로 이어지는 겁니다. 이는 어떻게 보면 합리적인 생각 같지만 사실은 착각에 불과합니다. 타임머신을 타고 과거로 돌아가면, 그 일이 앞으로 어떤 끔찍한 결과를 초래할지 모르는 상태가 되기 때문에 달리 손을 쓰기 어렵습니다. 즉, 실제로는 그 무엇도 통제할 수 없다는 말이죠.

제대로 심리상담 훈련을 받은 상담자라면 이런 경험을 한 내담자에게 통제력 착각에서 벗어나 자기비난을 멈추라고 말합니다. 받아들이기 힘들겠지만, 그런 상황에서는 누구라도 무력할 수밖에 없다고 말해주는 것이지요. 그런데 석영이가 만난 사기꾼 상담가는 석영이에게도 잘못이 있다고 말했습니다. 석영이는 혹시 자신에게 잘못이 있지 않을까 하는 생각에 괴로워하다 상담을 받기로 했기 때문에 상담가의 말을 그대로 믿을 수밖에 없었습니다. 당연히 더 우울해지고 불안해졌죠.

"정말 화가 난다. 어떻게 그런 사기꾼 같은 놈이 버젓이 심리상담센터를 차리고 영업을 하냐!"

철하는 너무 화가 납니다. 석영이가 겪어야 했던 상황, 석영이에게 나쁜 짓을 한 직장 상사, 그리고 사기꾼 상담가에게 말이죠. 그러나 한편으로는 지금 자신이 석영이에게 해줄 수 있는 것이 아무것도 없는 것 같아 더욱 속상합니다.

"철하야, 너랑 이야기하니까 위로받는 것 같아 너무 좋다. 그래도 심리상담을 받아보는 게 좋겠지?"

"그래, 석영아. 그런데 내가 심리상담을 권하는 게 기분 나쁘지는 않지?"

"응? 무슨 말이야?"

"우리나라에서는 심리상담 받으라는 말을 하기가 좀 어렵잖아. 미친 사람 취급한다고들 생각해서 말이야. 혹시 네가 그렇게 생각할까 봐……."

"사실 나도 예전에는 심리상담은 마음이 약한 사람들이나 받는 거라고 생각했어. 그런데 정말 힘든 일을 겪고 나니까 내가 그동안 얼마나 잘못 생각했는지 알겠더라. 차라리 부모님이 이혼하실 때 심리상담을 받아볼 걸 그랬어. 부모님이 이혼하신 것도 내 잘못처럼 느껴졌거든."

"자책하지 마. 부모님의 이혼도, 그때 심리상담을 받지 않은 것도 네 잘못이 아니야. 그때는 나름대로 네가 할 수 있는 최선의 행동이었어. 지금이라도 제대로 된 심리상담을 받으면 되잖아."

"그런데 도대체 사기꾼 말고 진짜 제대로 된 상담자는 어떻게 찾아야 하니? 그 사기꾼도 홈페이지는 그럴듯하게 만들었더라고. 무슨 소비자협회에서 상을 받았다고도 하고, 결정적으로 TV에 출연한 경력도 있었어."

요즘 세상에서는 TV 출연이 권력이자 돈과 명예처럼 인식됩니다. 대중의 인지도가 높아지는 것은 물론 방송국에서 섭외한 것이니 그 분야의 최고 전문가일 것이라고 생각하는 것이지요. 그러나 사람들의 생각과 달리 방송 출연에도 많은 허점이 있습니다. 방송에서 어느 분야의 전문가를 초빙하거나 인터뷰할 때 중요하게 생각하는 덕목은 전문성보다 시청률을 올릴 수 있는 외모와 자극적인 멘트인 경우가 허다합니다. 어떤 면에서 진짜 전문가들은 방송 출연을 꺼리기도 합니다. 방송의 특성상 인터뷰 내용이 짧게 편집될 수밖에 없는데, 그 과정에서 전문가의 의도와 전혀 다르게 편집되는 경우가 많기 때문이지요.

철하도 들은 풍월이 있어서 제대로 된 상담자를 선택하는 기준을 대략 알고 있습니다. 바로 학력과 자격증입니다. 대학원에서 심리치료 관련 전공을 석사 이상으로 마친 후 수련을 거쳐서 자격증을 받은 사람을 찾는 것입니다. 철하는 석영이에게 보다 정확하게 알려주기 위해 곧바로 대학원 선배 은영에게 전화를 겁니다.

"은영 선배, 저 철하예요. 좀 급하게 궁금한 게 있어서 전화 드렸어요. 제대로 된 상담자를 선별하는 기준이 뭐예요?"

철하는 친구가 심리상담을 받기 원하는데 상담자를 어떻게 고르면 좋을지 알려주고 싶다며 질문합니다. 그런데 은영 선배는 철하가 학교 카페에 있다는 얘기를 듣더니 직접 찾아오겠다고 합니다. 석영이가 불편해할까 싶어서 물어보았더니 흔쾌히 좋다고 하네요. 오히려 석영이는 대학원에서 심리상담에 대해 전문적으로 공부하고 있는 선배에게

제 마음도 괜찮아질까요?

직접 들을 수 있다니 안심이 되는 듯한 기색입니다.

"야, 개강했으면 연락해야지. 자기 필요할 때만 연락하면 나쁜 후배된다."

은영 선배와 석영, 두 사람은 인사를 나눕니다. 처음 만난 사이라 어색할 법도 한데, 유쾌한 철하가 있어서 그런지 분위기는 금세 좋아집니다.

"제대로 된 상담자를 찾으려면 두 가지 기준을 기억하면 돼. 첫 번째는 전공이고, 두 번째는 자격증이야."

우선 정식 인가를 받은 대학의 대학원 과정에서 심리치료 관련 전공을 공부했는지 확인합니다. 대표적으로 심리학과 교육학을 꼽을 수 있습니다. 보통 심리학에서는 '상담심리', '임상심리', '건강심리' 전공이, 교육학에서는 '교육상담' 혹은 '상담교육' 전공이 이에 해당합니다. 간혹 학교에 따라서는 '상담 및 임상심리'로 표현되기도 하는데, 임상심리와 상담심리는 대학원 과정에서 수강 과목의 차이가 거의 없기 때문에 같은 전공으로 묶이기도 합니다. 대학원은 주간에 수업을 진행하는 일반대학원과 야간에 수업을 진행하는 특수대학원이 있는데, 현장에서 심리치료를 진행하는 데 있어서 일반대학원과 특수대학원은 거의 차이가 없다고 봐도 됩니다. 심리학과 교육학 외에 상담가로 활동할 수 있는 전공으로는 상담학, 아동학, 청소년학, 가족학 등이 있습니다.

두 번째는 자격증입니다. 자격증은 종류와 발급 기관이 많아서 현장에서 일하는 전문가들도 헷갈릴 정도이지만, 크게 국가에서 발급하는 자격증과 민간단체인 학회에서 발급하는 자격증으로 구분할 수 있습니다. 다른 분야에서는 국가 자격증을 더 인정하는 경향이 있지만, 상담 분야에서는 학회 자격증을 취득하는 과정이 더 까다롭고 어렵기 때문에 이를 더 인정해주는 편입니다. 국가 자격증은 각 분야에 맞게 특화된 자격증이 대부분입니다. 아직까지 '상담심리사'라는 명칭의 국가 자격증은 존재하지 않습니다.

민간 자격증은 발급 기관에 제한이 없습니다. 민간 자격증을 관리하는 한국직업능력개발원에 따르면, 등록된 상담심리 관련 민간자격증의 수는 2011년에 60개에 불과했으나, 2016년 기준으로 3545개에 달할 정도로 급증했습니다. 물론 국가에서 민간자격 제도를 인정하고 있어서, 이렇게 묻지마 식으로 양산되는 자격증이 불법은 아니지만 전문적인 서비스를 기대할 수는 없습니다.

여기서 잠깐!

• 심리치료 관련 국가 자격증과 주관 부처
  1) 청소년상담사 : 여성가족부
  2) 국가기술자격 임상심리사 : 노동부
  3) 정신보건 임상심리사 : 보건복지부

• 심리치료 관련 학회와 홈페이지
  1) 한국상담심리학회 krcpa.or.kr
  2) 한국임상심리학회 kcp.or.kr ┐
  3) 한국건강심리학회 healthpsy.or.kr ┘ 한국심리학회(koreanpsychology.or.kr) 산하 학회
  4) 한국상담학회 counselors.or.kr

제 마음도 괜찮아질까요?

제대로 된 전문가들이 취득하는 민간자격증은 한국심리학회와 한국상담학회에서 발급하는 자격증입니다. 한국심리학회는 분과 학회별로 자격증을 발급합니다. 구체적으로 살펴보면 한국상담심리학회에는 상담심리사(1, 2급), 한국임상심리학회에는 임상심리전문가, 한국건강심리학회에는 건강심리전문가 자격증이 있습니다. 한국상담학회에서는 전문상담사(1, 2급)라는 명칭의 자격증이 발급됩니다. 제대로 된 상담자라면 근무하는 심리상담센터나 기관 홈페이지에 자신의 학력과 자격증을 명시해놓습니다.

"그러고 보니 내가 찾아갔던 그 상담실의 홈페이지에는 학력이나 자격증에 대한 내용이 없었어."

"선배, 석영이가 사이비 상담자를 만난 경험이 있어서 제대로 된 설명을 해주려고 선배에게 전화했던 거예요. 석영이가 심리상담을 다시 받고 싶어 하거든요."

"그래? 그럼 석영이도 재학생이니까 학생상담센터에서 상담 받으면 되겠네. 학생상담센터 선생님들은 모두 제대로 된 상담가이니까 걱정할 필요가 없잖아. 게다가 상담비도 무료고."

"이런, 맞아. 코앞에 좋은 심리상담센터를 두고 너를 다른 데로 보낼 뻔했네. 그럼 선배도 학생상담센터에서 일하니까, 선배가 석영이를 상담해줄 수 있나요?"

"철하를 통해 알게 되었으니 내가 직접 진행하기는 그렇고, 다른 상담 선생님이나 수련생이 진행하게 될 거야. 누구한테 상담 받든 제대로 훈련 받은 사람들이니 걱정 안 해도 돼. 이왕 이렇게 말이 나온 김에 센터에 가서 신청해놓을래?"

"너무 좋아요! 철하랑 선배 덕분에 무료로 제대로 된 상담자를 만날 수 있게 됐네요. 고마워요!"

오히려 심리상담에서 상처받았어요

이런 이야기를 종종 듣는다.

심리상담을 받으러 갔는데 오히려 상처를 받았어요...

다시 상담받기 무섭네요...

이런 경우는 보통 두 가지로 나뉜다.

나쁜 상담자를 만난 경우

상담자 과실

내담자와 상담자가 서로 안 맞는 경우

쌍방의 오해

정말로 내담자에게 해를 끼치는 상담자도 있다.

① 범죄자에 가까운 상담자

내담자에게 성적으로 접근하려는 상담자 →

자신이 상담자인 걸 권력으로 행사하려는 경우 →

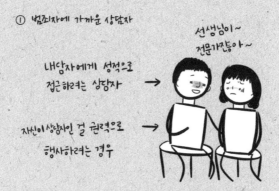

선생님이~ 전문가잖아~

② 자신의 가치관을 강요하는 상담자

성소수자 내담자에게
결혼을 강요 →

심리적 문제로 등교 거부하는
내담자에게 훈계질 →

가부장적 가치관을 고집 →

네가 자식 같아서
하는 말이야...

③ 관계를 못 맺는 상담자

화해의 의미로
주스를 줬는데
그걸 무시하더라고요..

그게 오렌지주스였나요?
포도주스였나요?

← 대인관계 맺기에
대한 전반적 이해가
부족한 상담자

④ 본인이 상담이 필요한 상담자

본인이 문제가 있어
내담자의 문제를 객관적으로 →
지각하기 힘든 경우

완벽을 추구하는 게
당연한 거 아닌가...?

제가 항상 완벽하길
바라는 아빠 때문에
힘들어요...

⑤ 전문성이 없는데 상담하는 사기꾼들

이런 단어와
심리치료의 조합이라면
상담자의 자격을 꼭 확인합시다

혈액형·별자리
타로·사주·철학
명상·참선
기·기운·도
에니어그램

└ 심리학의 영역은 아님

뇌·뇌파·브레인
생 (Life)
완치보장·특허
컬러·색채
최면
성·성치료

전문가보다 사기꾼이 더 많은 영역 ←

때로는 괜찮은 상담자도 내담자에게 상처를 줄 수 있다.

힘들어 죽겠는데
직면 말고 공감을 해달라고ㅠㅠ

직면

직면

둘 중 누구의 잘못도 아닌데 서로 안 맞을 수도 있고,

아, 뭔가 이게 아닌데…

상담도 하나의 인간관계라 오해가 생길 수도 있다.

상처받은 관계를 끝내는 건 자신의 마음이지만

말해주지 않으면 상담자도 그 마음을 알 수 없다.

어떤 것이든 첫 경험은 기대가 큰 만큼

이 문을 열고 들어가면
내 모든 상처와
문제들이 해결되기를..

실망도 클 수 있다.

이제 다시는
상담 안받아...!!

그래서 다시 시작할 엄두가 안 날 수도 있다.

나도 나아질수 있을까...

어디에서도 도움 받을 수
없을 거 같아...

하지만 그 상처를 알아줄 상담자가 반드시 있다.

그러니 부디 영영 문을 닫은 채로 있지 말기를.

PART 3

⟨ 본격적인 **심리상담**, 함께하는 **마음 여행** ⟩

"석영아, 들어가자."

카페에서 불과 몇 걸음 걷지 않은 것 같은데 벌써 학생상담센터에 도착하자 석영이는 깜짝 놀랍니다.

'아니, 이렇게 가까운 곳에 상담센터가 있었단 말이야?'

학생상담센터는 학생회관 1층, 카페와 마주보고 있는 곳에 위치해 있습니다. 더 놀라운 사실은 석영이가 아르바이트 때문에 자주 드나들던 취업지원센터 바로 옆에 있다는 점입니다.

"선배, 학생상담센터가 최근에 생겼나요? 아니면 최근에 자리를 여기로 옮긴 거예요?"

"글쎄, 학생회관을 신축할 때부터 계속 이 자리에 있었다던데."

"그래요? 제가 바로 옆에 있는 취업지원센터에 정말 자주 왔었거든요. 그런데 한 번도 학생상담센터를 본 적이 없는 것 같아서요."

"학생상담센터에 방문하는 학생들도 대부분 그렇게 말해. 사람은 본래 자기가 원하고 필요로 하는 것만 보는 성향이 있어서 그런 것 같아."

은영 선배의 말을 심리학 용어로 표현하면 개념 주도적 혹은 도식 주도적 처리라고 합니다. 영어로는 톱다운 프로세싱(top-down processing)이라고 하는데, 이는 우리가 외부에서 받아들이는 정보 중 이미 우리의 머릿속에 존재하는 것들, 즉 보고 싶거나 알고 있는 것만 처리한다는 의미입니다. 심리상담을 받고 싶어 하는 사람에게는 학생상담센터가 눈에 잘 띄고, 바로 옆에 있는 취업지원센터는 보이지 않는 현상도 이에 해당합니다. 대부분의 대학교에는 학생들의 복지와 정신건강을 위해 학교 차원에서 운영하고 있는 학생상담센터가 있지만, 모르는 학생이 많습니다. 학생상담센터가 다양한 방법으로 홍보에 열을 올리고 있지만 효과는 크지 않은 것 같습니다.

석영이는 '검사실'이라는 문패가 붙어 있는 작은 방으로 들어갑니다. 검사실 안에는 마주 보고 앉을 수 있는 테이블과 의자가 있고, 한쪽에 컴퓨터가 있습니다. 그리고 뒤편에는 각종 서류와 심리검사 도구를 넣어놓은 장식장이 있습니다. 검사실은 주로 심리검사를 진행할 때 사용하는 방입니다. 은영 선배는 석영이를 의자에 앉게 한 다음 상담 신청서와 펜을 건네면서 말합니다.

"펜으로 작성해도 되고, 컴퓨터에 직접 입력할 수도 있어. 석영이는 어떤 쪽이 더 편하니?"

"저는 컴퓨터로 작성할게요."

"그래. 나는 밖에서 철하랑 기다릴 테니까 천천히 쓰고 나와. 간단한 인적 사항과 상담을 원하는 이유를 입력하면 돼. 그리고 과거에 상담을 받거나 정신과 진료를 받은 경험이 있으면 기록해줘. 이 정보를 토대로 접수면담을 진행할 거야."

접수면담이란 내담자의 심리 상태를 파악해서 상담센터가 최적의 서비스를 제공할 수 있도록 진행하는 '예비 면담'을 의미합니다. 접수면담에서 상담자에게 말로 자세하게 설명할 수 있기 때문에 신청서에는 간단하게 작성해도 좋습니다.

석영이는 은영 선배의 말을 듣고 안심됩니다. 마음이 너무 힘들어서 일단 학생상담센터를 찾기는 했는데, 정말 자신의 마음 상태가 어떻고 무엇이 자신에게 도움이 될지 알 수 없었거든요. 접수면담을 통해 보다 구체적인 안내를 받을 수 있을 것 같아 마음이 편안해집니다.

은영 선배가 나가자 석영이는 컴퓨터 앞에 앉습니다. 이름과 생년월일을 비롯해 간단한 인적 사항과 연락처를 기록하고 상담 받고 싶은 이유를 쓰고 나니, 예전의 힘들었던 기억이 떠오르면서 눈시울이 붉어집니다. 테이블 위에 놓여 있는 화장지가 반갑습니다.

신청서에 모든 것을 자세히 적지 않아도 된다는 은영 선배의 이야기를 떠올리면서, 이전 상담 경험에 대해 질문하는 문항으로 넘어갑니다. 작년에 사기꾼을 만났던 일이 떠오르자 갑자기 화가 납니다. 자살과 자

여기서 잠깐!

접수면담은 내담자의 심리 상태와 욕구를 파악해 심리상담센터가 최적의 서비스를 제공하기 위해 실시하는 예비 면담입니다.

어떤 사람들은 자신에겐 개인상담이 필요할 것 같다고 생각하지만, 대인관계로 어려움을 겪는 경우는 개인상담보다는 집단상담이 더 효과적일 수도 있습니다. 또 집단상담에 참여하기를 원하지만 불안감이 너무 크다면 우선 개인상담부터 시작하는 것이 좋을 수도 있습니다. 정확한 심리 상태를 파악하기 위해 심리검사가 필요할 수도 있고, 심리상담보다 정신과 진료가 선행될 필요도 있습니다. 이렇게 각자 처한 상황에서 어떤 심리치료 접근 방식이 필요한지 판단하기 위해 접수면담은 꼭 필요합니다.

접수면담은 학생상담센터나 일반 심리상담센터나 동일하게 진행됩니다. 간혹 개인이 운영하는 심리상담센터에서는 접수면담 없이 곧바로 상담을 진행하는 경우도 있습니다.

해, 불법약물 투여, 수면에 관한 문제가 있거나 있었는지 물어보는 문항도 보입니다. 하나하나 찬찬히 훑어보며 상담 신청서를 다 작성한 후 입력 버튼을 클릭합니다.

상담 신청서를 작성한 후 검사실 문을 열고 나오니, 아까 들어올 때는 자세히 보지 못했던 학생상담센터의 모습이 눈에 들어옵니다. 화려하지 않으면서도 깔끔한 인테리어가 눈에 띕니다. 문을 열고 들어오면 보이는 정면에는 안내 데스크가 있고, 그 옆에는 소파가 있습니다. 그리고 기다리는 동안 커피나 차를 마실 수 있도록 정수기와 몇 가지 차가 가지런히 준비돼 있는 테이블도 보입니다. 자신이 방금 들어갔다가 나온 검사실 옆으로 '개인상담실 1', '개인상담실 2', '집단상담실', '연구실'이 나란히 있습니다. '연구실' 문이 열려 있는데, 그 틈에서 철하와 은영 선배의 목소리가 들립니다.

"오, 석영아! 수고했어. 드디어 첫 발을 내디뎠구나!"

문을 똑똑 두드리자 철하는 석영이에게 엄지손가락을 들어 보이며 격려합니다. 은영 선배도 환한 얼굴로 석영이를 쳐다봅니다.

"선배, 그럼 언제 상담을 받을 수 있을까요?"

"내일 학생상담센터에서 연락해서 접수면담 일정을 잡을 거야. 일정을 잡은 뒤 약속 시간에 맞춰 이곳으로 오면 돼."

석영이는 오랜만에 가슴이 따뜻해지는 느낌을 받습니다. 누군가와 함께 있다는 것이 그저 즐겁습니다. 게다가 곧 시작될 본격적인 심리상담을 생각하니 설레기도 합니다.

제 마음도 괜찮아질까요?

심리상담의 시작, 접수면담

다음 주, 약속된 접수면담 시간에 맞춰 석영이는 학생상담센터에 도착합니다.

"저, 접수면담 약속이 잡혀서 왔는데요."

석영이의 목소리가 들렸는지 연구실에서 은영 선배가 나옵니다.

"석영아, 어서 와. '개인상담실 1'로 들어가면 돼. 선생님은 5분 후에 들어가실 거야. 긴장하지 말고 친구와 편하게 대화한다고 생각하면 돼. 알았지?"

개인상담실에 들어간 석영이는 자리에 앉아서 주변을 둘러봅니다. 상담실에는 화려하거나 특별히 주의를 끌 만한 것은 없습니다. 테이블 위에는 시간을 확인할 수 있는 시계와 내담자를 위해 준비된 화장지가 있습니다. 크고 넓은 책장도 있지만 많은 책이 꽂혀 있지는 않습니다. 모든 것이 마음을 편안하게 합니다.

갑자기 작년에 찾아갔던 심리상담센터가 떠오릅니다. 홈페이지는 화려했고, 실제로 찾아간 심리상담센터의 인테리어도 화려하기 그지없었습니다. 상담실은 마치 대기업 임원의 집무실처럼 고급스러운 가구와 장식품으로 가득했죠. 그때는 그런 모습이 상담자의 권위와 전문성을 보여주는 것으로 보였는데, 지금 와서 생각해보니 실력 없는 사람이 겉멋만 잔뜩 낸 것인 듯 합니다.

똑똑.

문이 열리고 들어오는 사람은 중년 여성입니다. 편안한 인상에 수수한 옷차림입니다.

"박석영 학생 맞죠? 저는 접수면담을 진행할 박수지라고 합니다. 학생상담센터 전임상담원이에요. 반가워요."

석영이도 얼떨결에 고개 숙여 인사하며, 전임상담원이라는 말에 속으로 적잖이 놀랍니다. 어젯밤 누구에게 상담을 받게 될지 궁금하기도 하고 학생상담센터가 어떤 곳인지 알아보고 싶어서 홈페이지를 유심히 살펴보았는데, 전임상담원보다 위에 있는 사람은 센터장뿐이었습니다. 센터장은 상담심리학 수업을 하시는 김현정 교수님이시니, 전임상담원은 학생상담센터의 실질적인 대표나 다름없는 셈이죠. 석영이는 조심스럽게 물어봅니다.

"전임상담원이라면 제가 알기로 학생상담센터에서 엄청 높으신 분인데, 접수면담을 직접 하시나요? 접수면담은 본격적인 상담이 아니라서 수련생이 할 거라고 생각했어요."

"제가 학생상담센터에서 높은 사람인지는 모르겠는데 이 센터에서 근무한 지는 가장 오래 됐어요. 그렇기 때문에 접수면담은 제가 주로 담당한답니다."

접수면담은 처음에 한 번밖에 하지 않기 때문에 내담자의 심리 상태를 빠르고 정확하게 파악할 수 있는 사람이 진행해야 합니다. 또한 내담자에게 가장 적절한 프로그램과 서비스를 제안해야 하기 때문에 보통 상담센터 전반을 파악하고 있는 선임자가 진행합니다. 단 한 번의

제 마음도 괜찮아질까요?

만남을 통해 내담자에게 최적의 서비스를 제공할 수 있어야 하기 때문에, 상담 경력이 많고 심리상담센터의 사정에도 밝은 사람이 진행하는 것이 가장 합리적이지요.

"그럼 시작할까요?"

선생님은 몇 가지 질문을 던지고, 석영이는 생각나는 대로 대답하는 형식으로 접수면담이 시작됩니다. 그런데 이는 본격적인 심리상담이 아니고, 심리상담을 받기 위한 준비 과정이라서 접수면담에서 한 이야기를 본 심리상담에서 다시 해야 할 수도 있습니다. 그래서 두 번이나 힘든 이야기를 하는 것이 불편할 것 같으면 '본 심리상담에서 이야기하고 싶다'고 정확히 의사를 표현해도 됩니다.

"그럼 제가 선생님께 하는 이야기를 선생님이 제 상담자에게 전부 전달해주시는 것은 아닌가 보네요."

"간단하게 정리해서 전달해드리기는 해요. 하지만 자세한 이야기는 본격적인 심리상담에서 상담자에게 해야 한다고 생각하는 게 편할 거예요."

석영이는 철하와 은영 선배에게 접수면담이 무엇인지 대략 듣고 왔지만, 접수면담이 무엇인지 전혀 모르는 사람이 오더라도 괜찮을 정도로 자세히 안내해주십니다.

접수면담은 대학교 부설 학생상담센터뿐만 아니라, 일반 심리상담센터라면 대부분 진행하는 절차입니다. 개인 혼자 운영하는 심리상담센터라면 접수면담을 하지 않는 경우도 있지만, 여러 명의 상담자가 근무하고 체계가 잡힌 곳이라면 접수면담을 실시하는 것이 보통입니다.

이런 과정을 거치면서 석영이는 작년에 받았던 심리상담이 얼마나 엉터리였는지 다시 한 번 확인합니다. 그때는 어떤 서비스를 받을지, 누구에게 심리상담을 받을지 결정하지 못한 채 심리상담을 진행했거든요. 분명 그 심리상담센터에는 여러 명의 상담자가 있었는데 접수면담도, 어떤 안내도 없었습니다. 그곳의 안내자는 자신들의 방침이라면서 곧바로 그 사이비 상담가를 연결해줬습니다.

선생님은 석영이가 지난번에 입력한 신청서를 보면서 몇 가지 질문을 해도 되겠느냐고 동의를 구한 후 질문을 시작합니다. 아무래도 50분이라는 제한된 시간 동안 가능한 한 많은 정보를 얻어야 하기 때문에 객관적인 사실 중심으로 대화가 진행됩니다. 자신에게 심리상담이 필요하다고 생각하는 이유가 무엇인지, 그 이유가 언제부터 시작되었고, 자신의 마음 상태가 얼마나 심각한지에 대한 질문과 답변이 오갑니다. 이렇게 이야기하다 보니 자연스럽게 가족에 대한 이야기도 나오고, 작년에 찾아갔던 심리상담센터 이야기도 나옵니다.

"정말 이상한 상담자가 많다고 하더니, 석영 학생이 직접 경험했군요. 이야기를 듣는 저도 너무 화가 나는데, 정작 당사자는 얼마나 속상했겠어요."

석영이는 적극적으로 공감해주는 선생님의 말씀에 마음이 뭉클해집니다. 상담자가 힘든 감정을 알아주는 것은 물론 자신의 감정을 드러내면서 공감해주니 정말 위로받는 마음이 듭니다. 이렇게 40분 정도 흘렀을까요. 대화가 대략 마무리되었습니다.

"석영 학생은 개인상담을 받는 게 좋을 것 같아요. 상담할 때는 우선 성추행 당했던 일을 다루면서 석영 학생의 감정과 생각을 확인해보는 건 어떨까요? 또 작년에 만난 이상한 상담자에게 상처 받았던 이야기도 다루면 좋겠어요. 물론 자세한 이야기는 개인상담을 진행하면서 선생님과 상의해야겠지만 말이에요."

"네, 말씀하신 대로 우선 개인상담부터 시작해볼게요."

선생님은 석영이에게 어떤 상담자를 원하는지 묻습니다. 석영이는 이왕이면 여자 상담자면 좋겠고, 또 나이 차이가 많이 나는 사람보다는

여기서 잠깐!

대학교 학생상담센터는 상담 자격증을 취득하기 위해 훈련을 받을 수 있는 대표적인 수련 기관입니다. 의사가 되기 위해서는 대학병원에서 인턴과 레지던트라는 수련 과정을 거쳐야 하듯, 상담자가 되기 위해서도 수련을 받아야 합니다.

상담을 정식 자격증이 있는 상담자에게 받든, 수련생에게 받든 상담의 질에 큰 차이가 난다고 말하기는 어렵습니다. 수련생은 상담 과정에 대해 전문가로부터 슈퍼비전이라고 하는 지도감독을 받기 때문이죠. 경우에 따라서는 자격증을 취득한 지 얼마 되지 않은 상담자, 즉 자격증이 있다고 더 경력이 많은 전문가에게 슈퍼비전을 받지 않고 혼자서 상담을 진행하는 사람에게 상담을 받는 것보다 좋을 수도 있습니다.

슈퍼비전을 받기 위해 수련생 상담자는 내담자의 동의를 얻어 상담 내용을 녹음합니다. 물론, 이때 녹음하는 게 불편하다면 거부할 수도 있습니다. 이럴 경우에는 전문가의 슈퍼비전을 받을 수 없습니다.

학생상담센터에서 상담을 받게 되면 상담자가 수련생인지 자격증을 보유했는지 확인하는 것도 좋습니다. 그리고 수련생에게 상담받기 싫다면, 접수면담에서 분명하게 의사표현을 하면 됩니다.

언니 같은 사람이면 좋겠다고 말합니다. 그러자 선생님은 수련생은 어떻겠냐고 추천합니다.

"수련생도 상담은 잘 하겠죠?"

"네, 웬만한 상담자보다 더 나을 수도 있어요. 수련생은 상담 전문가에게 슈퍼비전을 받기 때문에 결국 전문가에게 상담을 받는 것이나 마찬가지입니다."

석영이는 선생님의 설명을 듣고 수련생에게 상담을 받기로 결정합니다. 늦어도 이번 주말이 되기 전, 상담을 진행할 선생님이 직접 연락해 상담 일정을 잡게 될 것이라는 친절한 안내도 해주셨습니다.

석영이는 접수면담을 마치고 학생상담센터를 나오면서 마음이 한결 가벼워졌음을 느낍니다. 본격적으로 상담을 시작한 것은 아니지만, 접수면담을 하면서 자신이 존중받는다는 느낌이 들었기 때문입니다. 그리고 이런 느낌을 본격적인 상담에서도 계속 가질 수 있으면 좋겠다고 바라봅니다.

심리상담은 함께 만들어가는 것

"여보세요."

"여기는 학생상담센터예요. 저는 상담을 맡게 된 강현아라고 해요. 지금 통화 가능하신가요?"

접수면담을 한 바로 다음 날, 석영이는 첫 심리상담 일정을 잡기 위해 학생상담센터에서 걸려온 전화를 받습니다. 공강 시간에 심리상담을 받으면 좋겠다는 말에 상담자는 학생상담센터의 일정표와 석영이의 스케줄을 확인하면서 가능한 일정을 두 개 알려주고 선택하라고 합니다.

"제가 선택하면 되나요?"

석영이는 자신의 상황을 배려해주는 상담자의 태도에 기분이 좋습니다. 석영이는 화요일 오후 2시를 선택합니다. 상담자는 상담실을 예약해놓을 테니, 혹시 급한 일이 있어서 심리상담을 취소할 거면 가능한 빨리 연락해달라고 부탁합니다.

"그럼 다음 주 화요일에 만나요. 학생상담센터에 들어오면 정면에 안내 데스크가 있어요. 그곳에서 이름을 말하고 소파에 앉아 있으면 제가 시간 맞춰서 나갈게요."

"그런데 제가 준비해 갈 것은 없나요?"

"특별히 없지만, 심리상담을 통해 무엇을 이뤘으면 하는지 생각해 오면 좋겠어요. 심리상담은 상담자와 내담자가 함께 만들어가는 것이니까요."

'심리상담은 함께 만들어가는 것'이라는 말에 석영이는 감동을 받아 울컥합니다. 그러면서 한편으로는 고민도 됩니다. 자신이 심리상담을 통해 무엇을 원하는 것인지 명확하게 떠오르지 않기 때문입니다.

사실 작년에 힘든 일을 겪고 심리상담센터를 찾아갔을 때는 그저 힘들고 고통스럽다는 생각이 가득했습니다. 모든 것이 자기 잘못 같고, 죽고 싶을 정도로 슬프고 우울하고 화가 났습니다. 일단 살아야겠다는 생각과 누구에게라도 털어놓고 도움을 받아야겠다는 마음에 무작정 심리상담센터를 찾아간 것입니다. 그런데 사기꾼 상담자에게 더 큰 상처를 받았습니다. 그 상담자는 자신에게 무엇을 원하는지조차 묻지 않았습니다. 그러면서 모든 것을 석영이의 책임이라고 단정짓고 판단하면서 무조건 자기 말만 들으라고 강요했지요. 석영이는 그 사이비 상담가의 태도와 상담 방식에 실망하고, 오히려 상처가 더 심해질 것 같다는 생각에 결국 심리상담을 그만두게 된 것입니다.

그런데 이제 심리상담을 받기에 앞서 자신이 무엇을 원하는지 생각해보라고 하니까, 왠지 제대로 된 심리상담을 받을 수 있을 것 같아 기분이 좋기도 하면서 부담이 되기도 합니다. 심리상담 첫날, 원하는 것이 무엇이냐는 질문에 제대로 대답하지 못해서 '당신은 심리상담을 받을 자격이 없다'는 말을 듣고 거부당하는, 말도 안 되는 장면도 상상됩니다.

심리상담은 서양에서 시작되었습니다. 내담자가 상담자를 찾아가 자신의 이야기를 털어놓고 상담자와 함께 목표를 향해 나아가는 심리상담은 나와 너의 경계가 분명하고 서로 동등한 입장에서 마음을 나눌 수 있는 개인주의 문화에 잘 어울립니다. 개인주의 문화에서는 어린아이들에게도 원하는 것을 물어보고, 정확하게 자신의 의사를 표현하라고 가르치며, 더 나아가 자신이 원하는 것을 얻을 수 있도록 격려합니다. 그런 문화에서 이뤄지는 상담은 내담자의 분명한 욕구와 동기로 시작되는 것이 보통입니다.

반면 집단주의와 가족주의 문화가 강한 한국에서는 전통적으로 개인의 의견이나 욕구보다 전체의 이익을 중요하게 여깁니다. 그리고 대부분의 집단원이 동의하기 쉽도록 어른이 의사결정을 주도합니다. 따라서 가정에서는 부모가, 학교에서는 교사가 정해준 대로 따르는 게 당연한 일로 여겨지지요. 실제로 우리나라의 경우, 상담자가 주도적으로 심리상담을 끌어주기 원하는 내담자를 쉽게 볼 수 있습니다. 심리상담의 목표와 방법을 비롯한 모든 것을 상담자에게 일임하겠다고 말하는 경우도 있습니다.

심리상담은 고객 중심의 서비스이기 때문에 우리나라 상담자들은 내담자가 원한다면 적극적으로 자신의 의견을 제시하기도 합니다. 하지만 이는 어디까지나 내담자의 요청이 있을 경우에만 가능한 일입니다. 내담자의 의사를 무시하면서까지 상담자가 자신의 입맛대로 심리상담을 끌어갈 수는 없습니다. 이런 문화적 영향을 고려하더라도 심리상담은 내담자의 뜻에 따라 시작되는 것이니만큼 심리상담을 받기 위해서는 자신이 무엇을 원하는지 생각해보는 과정이 꼭 필요합니다.

그러나 석영이는 막상 자신이 원하는 것을 생각해보라는 요구를 받고 나니 자신이 왜 심리상담을 받으려고 하는지, 심리상담에서 기대하는 것이 무엇인지 잘 모르겠다는 생각이 듭니다. 접수면담에서 작년에 회사에서 성추행 당한 사건이나 부모님의 이혼으로 받았던 상처에 대해 이야기하고 싶다고 말하긴 했지만, 심리상담을 한다고 그런 기억들을 지울 수 있거나 타임머신을 타고 가서 과거를 돌이킬 수 있는 것도 아닌데 무슨 소용일까 하는 생각도 듭니다.

심리상담을 처음 시작하는 사람이라면 이런 의심이 드는 것은 당연한 일입니다. 그렇다면 그런 마음마저도 상담자에게 직접 이야기하는 것이 좋습니다. 상담자가 석영이에게 무엇을 원하는지 생각해보라고 요청한 것은 함께 이야기하기 위한 준비를 해 오라는 것이지, 스스로 심리상담의 목표를 세워 오라는 것이 아닙니다. 접수면담에서 전임상담원이 말했듯이, '심리상담은 상담자와 내담자가 함께 만들어가는 것'이니까요.

이런 마음이 든다면 상담자에게 이야기해보세요. 대부분의 상담자는 이런 마음을 당연히 인정해줍니다. 인정이란 옳다거나 그르다거나 하는 판단이 아니고, 좋다거나 싫다거나 하는 개인의 감정도 아닙니다. 인정이란 내담자의 입장에서는 충분히 그렇게 생각할 수 있다는 것을 상담자가 알아주는 것입니다. 이런 과정을 통해 내담자는 자신의 마음에 대해 확신을 갖고, 상담자와 동등한 파트너로서 함께 상담을 만들어갈 수 있게 됩니다.

　석영이는 순간 또 혼자서 고민에 빠져 있다는 사실을 깨닫습니다. 어린 시절부터 늘 혼자 생각하고 고민하던 습관 때문인가 봅니다. 매일같이 부부싸움을 하던 부모님과도, 나이 차이가 많이 나는 언니나 오빠와도 마음을 나눌 수 없어 갖게 된 습관입니다. 그래도 이런 복잡하고 갈피를 잡지 못하는 마음을 이야기해봐야겠다고 결심하니 한결 편안해집니다. 이제야 심리상담 시간이 기다려집니다.

저항, 변화에 대한 두려움

드디어 화요일 아침이 되었습니다. 석영이는 이불 속에서 나오기가 싫습니다. 지난밤 심리상담을 시작할 생각에 긴장과 기대, 걱정과 설렘에 휩싸여 잠을 제대로 잘 수 없었습니다. 오전에 전공 수업이 있어서 일단 몸을 힘겹게 일으켜서 겨우 수업에 들어갑니다.

수업이 끝난 후 심리상담 시간이 다가오자 석영이는 도망가고 싶다는 생각에 사로잡힙니다. 분명 자신이 심리상담을 받기 원했고 철하와 은영 선배의 도움으로 생각보다 빠르게 상담을 받게 되었는데, 도대체 왜 이런 마음이 생기는지 답답하기만 합니다. 심리상담을 취소할까 하는 생각도 듭니다. 그렇다고 무작정 취소하자니 자신을 도와준 철하와 은영 선배, 그리고 접수면담에서 친절하게 안내해주신 선생님의 얼굴이 떠올라 쉽게 결정을 내릴 수 없습니다.

석영아, 오늘 심리상담 시작이지? 네 담당 선생님은 수련생이지만 내가 본받고 싶을 정도로 실력 있는 분이야. 심리상담 잘 받길!

은영 선배의 문자에 석영이의 마음은 더 무거워집니다. 그래도 답장을 보내야 할 것 같은데 난감한 마음입니다. 뭐라고 해야 할지 몰라 휴대폰만 만지작거리는데, 이번에는 철하에게서 전화가 옵니다.

"너, 어디야? 점심 안 먹었으면 같이 먹자."

제 마음도 괜찮아질까요?

"밥 먹을 기분 아니야. 좀 있으면 심리상담 시간인데 너무 가기 싫어."

걱정이 된 철하는 한걸음에 강의실로 달려왔습니다.

"무슨 일 있어? 혹시 접수면담에서 안 좋은 인상이라도 받은 거야?"

"아니, 오히려 존중받는 느낌을 받아서 좀 어색하긴 했지만 너무 좋았어. 그냥 내가 상담에서 무슨 도움을 받을 수 있을지 모르겠고, 굳이 지나간 일을 꺼내려니 더 힘들어질 것 같기도 하고……."

"저항이네."

"뭐? 저항?"

"치유나 변화에 대한 거부감을 말하는데, 심리상담을 시작하기 전이나 심리상담 도중에 흔히 경험하는 감정이야. 나도 지난 학기에 상담을 받았을 때 그런 적이 있었어."

여기서 잠깐!

심리상담을 처음 시작할 때도 저항이 있지만, 심리상담을 진행하는 동안에도 저항은 흔히 나타나는 감정입니다. 저항을 강하게 경험하는 내담자는 심리상담을 일방적으로 종결하기도 하고, 종결하지 않더라도 상담자에게 협조하지 않는 경우도 있습니다. 이런 면에서 저항은 심리상담에 분명히 방해가 된다고 할 수 있죠.

그러나 저항은 역설적으로 심리상담에 도움이 되기도 합니다. 저항이 강하게 나타난다는 것은 내담자의 핵심적인 문제에 점점 더 가까워지고 있다는 반증이기 때문입니다. 마치 병원에서 의사가 환자의 아픈 곳을 정확하게 건드리면, 환자가 자동적으로 몸을 피하면서 아픔을 호소하듯 말입니다.

심리상담을 받다가 저항감이 크게 든다면 변화와 치유를 목전에 두었다는 증거일 수도 있으니, 일방적으로 심리상담을 종결하기보다는 상담자에게 솔직하게 자신의 마음을 이야기하는 것이 좋습니다.

저항은 심리상담을 어렵게 만드는 요인 중 하나입니다. 저항을 느끼면, 많은 내담자가 약속을 잡아놓고 나타나지 않기도 하고, 계속 지각하기도 합니다. 심리상담은 시간이 정해져 있어서 지각하면 그만큼 심리상담을 받을 시간이 줄어드는데도 말이죠. 심리상담에 오기는 했지만 자신의 마음을 말하지 않으려 하는 것도 일종의 저항입니다. 이런 저항은 의도적인 심리상담 취소나 거부로도 나타나지만, 의도치 않은 방식으로 나타나기도 합니다. 약속을 깜빡 잊는다거나, 며칠 전까지 너무 생생했던 과거의 사건이 막상 심리상담 받을 때는 생각나지 않기도 합니다. 어느 날 갑자기 몸이 아프기도 합니다.

그렇다면 저항은 왜 발생하는 것일까요? 변화에 대한 '양가감정' 때문입니다. 내담자는 현재의 상황이 너무 힘들어서 변화하고 벗어나고 싶은 마음 때문에 심리상담의 도움을 얻으려고 합니다. 그런데 한편으로 오히려 심리상담 때문에 더 힘들어질지도 모른다는 생각, 그냥 두면 나아질 수도 있지 않을까 하는 마음, 돈과 시간을 들였는데 확실한 결과를 얻지 못하면 어떡하나 하는 두려움 때문에 변화 앞에서 주춤하게 되는 겁니다. 또 힘든 상황에 이미 적응한 상태에서 변화를 시도하면, 또 다시 적응하기 위해 피나는 노력을 해야 하지 않을까 하는 부담감도 생깁니다.

이렇듯 저항감이 드는 것은 당연한 과정이기 때문에 자신을 몰아붙일 필요는 없습니다. 낯선 타인을 찾아가서 그 사람을 믿고 자기 이야기를 털어놓는 것은 결코 쉬운 일이 아닙니다. 오히려 아무런 저항감

제 마음도 괜찮아질까요?

없이 심리상담에 적극적이기만 한 것이 이상한 일이니 그 과정을 편하게 받아들이는 자세가 필요합니다.

철하는 저항에 대한 이야기를 들려주면서, 심리상담을 받는 사람이라면 누구나 경험하는 감정이라며 석영이를 안심시킵니다.

"나만 그런 게 아니구나."

"그럼, 석영아. 은영 선배가 그러는데, 심리상담 약속까지 잡았는데 나타나지 않는 사람들이 많이 있대. 그래서 심리상담을 받고 싶다는 생각이 들었을 때 바로 진행하는 것이 좋다고 하더라."

"아, 그래서 은영 선배를 처음 만났을 때 바로 학생상담센터에 데려가서 심리상담 신청도 하고, 접수면담도 빨리 받도록 도와준 거구나."

석영이는 철하의 이야기를 들으니 한결 마음이 편해집니다. 약속까지 다 잡아놓고 변덕스러운 마음이 드는 자신이 너무 싫었는데, 다른 사람들도 비슷한 과정을 겪는다고 하니 이제야 자신을 깎아내리던 마음을 내려놓을 수 있을 것 같습니다.

"철하야, 그럼 나는 문자 먼저 보내고 학생상담센터로 갈게. 은영 선배가 문자를 보내줬는데, 아직 답을 못 했거든."

석영이는 잠시 고민합니다. 그냥 의례적으로 고맙다고 할까, 아니면 상담에 대한 복잡한 마음을 말할까 고민한 끝에 솔직하게 마음을 표현하기로 합니다.

선배, 사실 심리상담이 기다려지기도 하지만 막상 눈앞에 닥치니 도망치고 싶은 마음 때문에 너무 힘들었어요. 그런데 철하가 이런 마음은 당연한 것이라고 말해줘서 마음이 편해졌어요. 또 선배도 응원해주니 힘이 나요. 고마워요.

그랬구나, 많이들 그런 느낌을 받아. 상담을 시작할 때 그런 마음부터 이야기해보렴. 그리고 네가 원하지 않으면 언제든 중단해도 좋으니, 일단 부딪쳐보는 거야. 파이팅!

은영 선배의 연락에 석영이는 조금 더 마음이 놓입니다. 철하에게도, 은영 선배에게도 이해 받고 있다고 느껴지니까요. 그러면서 다시 한 번 결심합니다.

'그래, 이번에는 제대로 된 선생님을 만났으니까 분명 도움이 될 거야. 또 도움이 되지 않는다는 생각이 들면 은영 선배 말처럼 그때 포기해도 되잖아. 일단 부딪쳐보자.'

석영이는 철하와 함께 학생회관으로 들어갑니다. 철하는 석영이가 불편해할까 봐 조심스럽게 물어봅니다.

"학생상담센터까지 같이 가줄까? 아니면 너 혼자 갈래?"

"괜찮으면 데려다줄래? 왠지 좀 떨린다."

"알았어. 같이 가자. 너를 위해서라면 이 정도 서비스쯤이야!"

익살스럽게 말하는 철하의 모습에 석영이는 마음이 한결 편해집니다.

제 마음도 괜찮아질까요?

준비되지 않아도 괜찮아

어떤 사람들은 심리상담을 받는 데 특별한 조건이 필요하다고 생각한다.

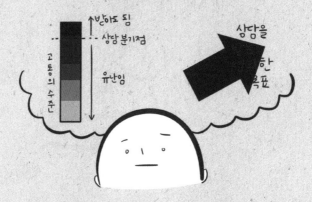

받아도 됨
상담 분기점

고통의 수준

유난임

상담을 한한 목표

많은 사람들이 참고

아니야..
나보다 더 힘든 사람도
많은데...
유난떨지말자,...

또 참는다.

어차피 가서
무슨 말 할지도
모르겠는걸....

고통이 터져서 나올 때까지.

무슨 말을
해야할지....

상담하면서 (특히 첫 만남에) 많이 울 수도 있는데, 괜찮아요.

어느 정도 고통스러워야 심리상담을 받을 자격이 되고

심리상담에 겨우
그정도 고통을 들고오다니...

탈락

얼마나 명확히 알아야 심리상담을 시작할 자격이 있는지

오.. 모르겠어....

심리상담 예비고사
< 내담자용 >

1) 당신의 상담목표로
가장 적절한 것은?

2) 지금 당신이 원하는 것은?

3) 심리상담에 대한 이해도는?

그런 건 없다.

당신이 느끼는 것이 고통이면

그것은 고통이다.

지금 그 마음을 말로 표현할 수 없어도 괜찮다.

뭐라고
표현할지
모르겠어...

답답해...

지금 당장 목표를 알지 못해도 상관 없다.

어디로 가고
싶냐고요...?

어..
전 그냥 여길 벗어나고
싶은 거 뿐인데...

왜냐하면 그걸 해 나가는 게 심리상담이니까!

그걸 다 하면
이미 반이나 온거라구

막연한 고통에 테두리를 그려 나가다 보면

어디로 가고 싶은지 보일 테니

준비되지 않은 이 상태로도 준비는 충분해!

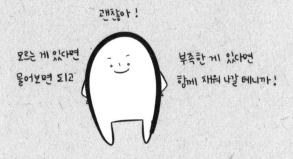

감정 주고받기, "기분이 어때요?"

철하는 학생상담센터 문을 열어주고, 석영이에게 들어가라고 손짓합니다.

"마음 여행, 잘 다녀와!"

들어가기 전까지 긴장되던 마음이 좀 차분해집니다. 석영이는 안내 데스크에 가서 이름을 말하고 소파에 앉습니다. 학생상담센터에는 조용한 클래식 음악이 흐르고 있습니다. 눈을 감고 그 음악에 마음을 얹어봅니다.

"박석영 학생 맞죠? 강현아예요. 지난주에 통화했죠. 그럼 상담실로 들어갈까요?"

석영이는 상담자를 따라 상담실로 들어갑니다. 마주 앉은 상담자가 자신을 쳐다본다는 느낌에 심장이 더욱 빠르게 뜁니다. 잔뜩 긴장한 석영이는 얼굴을 들기도 힘듭니다.

"지금 기분이 어때요?"

"모르겠어요. 첫 심리상담인데 잘 해야겠다는 생각이 들어요. 사실 좀 전까지는 심리상담을 받기로 결정한 것이 잘한 일일까 고민했거든요."

"그랬군요. 그런데 제가 기분을 물었는데 석영 씨는 생각을 이야기했어요. 저는 지금 석영 씨가 느끼는 기분과 감정에 대해서 듣고 싶어요."

"제가 생각을 말했나요? 감정이요? 감정이라……."

석영이는 혼란스럽습니다. 마음속에 떠오르는 대로 말했을 뿐인데,

　　　　　　　　　　제 마음도 괜찮아질까요?

감정이 아니라 생각을 말했다고 하니 순간 멈칫합니다.

　심리상담을 받다 보면 상담자가 감정을 묻는 경우가 정말 많습니다. 감정을 묻는 이유는 무엇일까요? 감정은 우리 마음의 상태를 가장 정확하게 드러내주는 것이기 때문입니다. 생각은 학습을 통해 후천적으로 만들어지는 것이지만 감정은 경험과 무관하게 선천적으로 생기는 것입니다. 신생아는 논리적으로 생각하는 것이 불가능하지만, 감정적으로는 반응할 수 있죠. 양육자가 아이의 상태를 알아차릴 수 있는 것도 아이의 다양한 감정 표현 때문 아닐까요? 이처럼 감정은 마음의 척도와 같습니다.

　심리상담에서 감정이 중요한 또 다른 이유는 감정의 어려움이 심리상담을 받는 주된 이유이기 때문입니다. 다시 말해, 우울, 불안, 분노, 슬픔 같은 감정이 마음에서 제대로 소화되지 못할 때 사람들은 심리상담센터를 찾습니다. 이런 측면에서 심리상담의 목표는 자신의 감정을 정확하게 인식하고 건강하게 표현하는 것이라고 할 수 있습니다. 물론 생각이 중요하지 않다는 말은 아닙니다. 심리상담에서는 감정 못지않게 생각도 다루지만, 적어도 상담자가 감정을 물을 때는 내담자도 감정과 생각을 구분 지을 필요가 있습니다.

　감정은 크게 '쾌'와 '불쾌'로 구분할 수 있습니다. 쾌에 속하는 감정에는 즐겁다, 행복하다, 짜릿하다, 설렌다, 흥분된다 같은 것이 있고, 불쾌에 속하는 감정에는 긴장된다, 불안하다, 불편하다, 두렵다, 짜증난다, 화난다 같은 것이 있습니다. 사실 더 많은 감정 표현이 있지만, 당장 자신의 감정이 어떤지 떠오르지 않는다면 쾌에 가까운지 불쾌에 가까운지 생각해보는 것도 좋은 방법입니다.

물론 꼭 둘 중 하나만 선택해야 하는 것은 아닙니다. 경우에 따라서는 반대되는 두 감정을 동시에 느낄 수도 있습니다. 이를 양가감정이라고 하는데, 좋으면서 싫을 수 있고, 긴장되면서 설렐 수도 있지요. 그렇다면 두 감정 모두 상담자에게 이야기하면 됩니다.

"저는 긴장되면서도 설레요. 사실 어제까지는 설레기만 했는데, 정작 오늘 아침이 되니 너무 떨려서 심리상담에 오기 싫더라고요. 그래도 도망가지 않고 여기에 이렇게 앉아 있으니까 두 가지 감정이 동시에 드는 것 같아요."

"그랬군요. 석영 학생이 용기 내서 이 자리에 왔다는 이야기를 들으니 저도 기분이 좋고, 대견하게 느껴져요. 그런 위기를 한 번 잘 넘겼기 때문에 앞으로도 저와 함께 심리상담 과정을 잘 밟아 나가면 좋을 것 같아요."

석영이는 상담자가 직접 '기분이 좋다', '대견하게 느껴진다', '좋을 것 같다'는 식으로 마음을 드러내는 것이 생소하면서도 기분 좋게 느껴집니다. 낯선 상담 선생님과 마주 앉아 있는 것이 아니라, 상담자 강현이라는 사람과 마주 앉아 있는 것 같았습니다. 석영이는 기분이 좋아져 살짝 미소를 띕니다.

"지금 얼굴에 미소가 번지는 것 같은데, 어떤 감정이에요?"

"기분이 좋아요."

"어떤 마음인지 듣고 싶어요."

"선생님이 직접 감정을 표현해주고 솔직하게 저를 대하는 것 같아서 좋아요. 저를 단순히 내담자가 아니라, 박석영이라는 사람으로 대해주시는 것 같아요. 그렇죠?"

"네, 맞아요. 상담자와 내담자라는 역할은 심리상담이라는 틀을 유지하기 위한 장치일 뿐이죠. 진짜 심리상담은 사람 대 사람으로 마주 앉아 서로 마음을 나누고 감정을 나누는 것이랍니다. 석영 학생이 마음을 드러내주고, 제 마음을 물어봐주니 저도 기분이 좋네요."

심리상담의 틀, 구조화

석영이는 상담자에게 자신의 감정을 드러내고, 상담자의 감정을 들을 수 있다는 것이 신기하게 느껴집니다. 한편으로는, 심리상담이 정말 효과가 있을까 의아합니다. 상담자와 마음을 나누니 친한 친구 같은 느낌이 들긴 하지만, 이것만으로도 충분하다면 사람들이 굳이 돈을 내면서까지 심리상담을 받으러 올까 싶기 때문입니다. 그러나 이것이 심리

여기서 잠깐!

심리상담의 구조화는 심리상담 전반에 대해 상담자와 내담자가 같은 눈높이로 시작할 수 있도록 하는 안내입니다. 심리상담센터마다 상담자마다 약간의 차이는 있지만 대략 다음과 같은 내용을 다루게 됩니다.

우선 처음 상담실에 내방한 내담자의 마음이 편해지도록 합니다. 내담자가 불편함을 느끼면 심리상담을 거부할 수도 있기 때문에, 상담실에 온 마음과 기분에 대해 질문합니다. 무엇보다 내담자가 이상한 사람이기 때문에 심리상담센터에 오게 된 게 아니라, 누구나 상담실에 올 수 있다는 것을 이야기해주어야 합니다.

그다음에는 심리상담의 의미에 대해 나눕니다. 심리상담에 대해 어떻게 알고 있으며, 무엇을 기대하는지 듣고 심리상담에 대해 현실적인 기대를 가질 수 있도록 안내해주죠. 그리고 심리상담이 어떻게 진행되는지 그 과정에 대한 정보를 전달해 내담자가 심리상담 전반을 이해할 수 있도록 돕습니다. 특히 시간과 장소, 심리상담의 목표와 종결에 대한 이야기를 다룹니다.

이런 이야기를 하다 보면 자연스럽게 상담자의 역할에 대해서도 서로의 생각을 공유하게 됩니다. 상담자는 무엇을 하는 사람이며, 어떤 전문성이 있는지 알려줍니다. 상담자의 비밀보장 의무에 대해 고지하고, 내담자와 사적으로 관계를 맺지 않는다고 알려줍니다.

한편 내담자가 심리상담에서 무엇을 해야 하고, 어떤 마음으로 심리상담을 받아야 하는지도 안내해줍니다. 위급 상황에서 상담자나 심리상담센터에 연락할 수 있는 비상연락 방법도 알려줍니다.

제 마음도 괜찮아질까요?

상담의 전부는 아닙니다. 심리상담을 보다 전문적으로 만들고 가시적인 성과를 내도록 하기 위해 틀이라는 장치가 있습니다.

"오늘은 함께 심리상담의 틀을 만들어야 해요."

"틀이라고요?"

"네, 구조화라고도 하죠. 심리상담의 효과를 얻기 위해 틀을 잡는 거예요."

현대 사회에서는 어느 곳을 가나 사람과 사람의 만남보다는 역할과 역할의 수행이라는 느낌이 강하게 듭니다. 사람 냄새가 없어졌다고나 할까요. 그러나 심리상담에서 가장 중요한 것은 상담자와 내담자가 같은 눈높이에서 서로의 마음을 나누는 것입니다. 그래서 상담자와 내담자의 정서적 거리는 친구와 연인, 가족 이상으로 가깝기도 합니다.

이렇게 정서적으로 가까워지면 심리상담이라는 전문적인 활동에 도움이 되지 않을 뿐더러, 오히려 내담자를 더 힘들게 하거나 위험에 빠뜨릴 수 있지 않느냐고 묻는 사람들도 있습니다. 물론 극히 일부이긴 하지만, 나쁜 상담자가 이런 정서적 친밀감을 이용해 내담자를 금전적으로나 성적으로 착취하는 경우를 종종 볼 수 있습니다. 반대로 내담자들이 심리상담 시간 이외에 상담자에게 너무 빈번하게 연락해서 상담자에게 불편을 주는 경우도 있지요.

이렇듯 서로의 정서적 친밀감이 방해가 아닌 도움이 되도록 하려면, 상담자와 내담자의 권리와 의무, 한계를 명시할 필요가 있습니다. 또한 심리상담의 시작과 진행 및 종결에 대해서도 상담자와 내담자가 같은 원칙을 가져야 합니다. 내담자가 기대하는 심리상담과 상담자가 생각하는 심리상담에 대해 대화를 나누면서, 상담자와 내담자가 같은 목표를 향해 나아갈 수 있도록 상호 조율하고 합의하는 과정이 필요합니다. 더불어 이런 구조화의 내용을 계약서 형식으로 문서화해 서로 서명하는 절차도 필요합니다.

"계약서를 쓴다고요?"

"말로만 하면 나중에 기억나지 않을 수도 있어요. 조금 더 분명하게 서로 약속한다는 의미죠."

계약서까지 쓴다니 석영이는 깜짝 놀랐습니다. 지금까지 심리상담이라고 하면 내담자가 자신의 이야기를 꺼내고, 상담자가 나름의 해결책을 주는 정도라고만 생각했습니다. 그래서 작년에 사이비 심리상담센터를 찾아갔을 때도 상담자의 태도가 이상하다는 것을 빨리 알아차리지 못했던 겁니다.

"먼저 구조화를 시작하기 전에 동의를 구하고 싶은 게 있어요."

석영이는 살짝 긴장합니다.

"저는 학생상담센터에서 수련을 받고 있어요. 자격증을 취득하기 위해 실습을 하는 거예요. 그래서 석영 학생이 동의한다면, 심리상담의 전 과정을 녹음하고 싶은데, 괜찮겠어요?"

전문의가 되기 전에 인턴과 레지던트라는 수련의 과정을 거치듯, 상담가도 수련 과정을 거쳐 전문 자격증을 취득하게 됩니다. 이 수련에서 중요한 것은 슈퍼비전이라고 하는 전문가의 지도감독입니다. 병원에서는 전문의의 진료를 수련의가 직접 참관하고 옆에서 보조하거나, 수련의가 직접 환자를 진료하고 수술하는 현장에서 전문의가 참관하면서 지도합니다. 그러나 심리상담의 특성상, 상담자와 내담자가 아닌 제3의 인물이 현장에서 직접 참관하기는 어렵습니다. 그래서 부득이하게 심리상담 수련은 상담 내용을 녹음해 이를 녹취록으로 풀어낸 뒤 전문가에게 보내 지도감독을 받게 됩니다.

"만약 제가 동의하지 않으면 어떻게 되나요? 저는 선생님께 심리상담을 받을 수 없나요? 아니면, 전문가의 지도감독이 없으니까 심리상담은 실패로 돌아가게 될까요?"

석영이는 접수면담을 할 때 녹취록과 지도감독에 대한 이야기를 들은 후 고민을 해봤지만 별 문제가 없을 거라고 판단했기 때문에, 그냥 녹음해도 상관없다고 말할까 생각해봤습니다. 그렇지만 앞으로 심리상담을 하면서 궁금한 점은 참지 않고 모두 물어봐야겠다고 다짐했습니다. 작년에 찾아간 심리상담센터에서도 이상한 느낌이 들었을 때 그냥 그러려니 하고 넘어가지 않고 꼼꼼히 물어봤더라면 그렇게 오랫동안 상처받지는 않았을 거라는 생각이 들었기 때문입니다.

"불편하다면 동의하지 않아도 괜찮아요. 만약 녹음하는 게 내키지 않는데 억지로 동의한다면 심리상담을 하는 내내 불편함을 느껴서 오히려 효과가 떨어질 수도 있어요. 그러니 원하는 대로 선택하는 게 좋아요."

상담자는 이미 전문가에게 슈퍼비전을 받는 심리상담 사례가 충분히 있기 때문에 자신에게 불이익은 없으니 편하게 선택하라고 합니다. 녹음할 수 있다면, 심리상담 과정에서 자신이 보지 못한 부분을 전문가의 관점에서 볼 수 있어서 더 좋은 성과를 기대할 수 있다는 설명도 덧붙입니다. 석영이는 상담자가 언짢아할까 봐 걱정했는데, 자세하게 설명해주고 정말 자신의 입장을 이해해주는 것 같다는 느낌이 들어 안심됩니다. 하지만 여전히 궁금한 부분이 있습니다.

"심리상담에서는 비밀보장이 무엇보다 중요하잖아요. 전문가라는 사람은 정말 제 이야기를 비밀로 지켜줄까요? 의도치 않게 녹음 파일이나 녹취록이 유출될 수도 있잖아요."

SNS를 통해 개인정보나 사생활이 본의 아니게 공개되고, 다른 누군가에 의해 악용되는 일이 흔한 세상입니다. 이런 상황에서 심리상담 내용을 녹음한다는 것은 내담자들에게 큰 부담입니다. 특히 내담자들은 대체로 다른 사람에게 자신의 이야기를 꺼내기 어려워하기 때문에 전문가를 찾아오는 것입니다. 그런데 녹음을 하고, 그 녹취록을 또 다른 누군가에게 보여준다고 하니 당연히 신경이 쓰일 수밖에 없지요.

그런데 심리상담에서 상담자가 반드시 지켜야 할 의무 중 하나가 내담자의 스토리와 개인정보에 대한 비밀보장입니다. 상담자의 가장 중요한 의무이자 능력과도 직결되는 요소이기 때문에 상담자는 철저하게 신경 쓸 수밖에 없습니다. 따라서 심리상담 내용을 녹음한 상담자는 녹취록을 작성한 후 이를 바로 삭제합니다.

또한 슈퍼비전을 받기 위해 전문가에게 전달되는 심리상담 내용에 내담자의 이름과 거주지를 비롯해 상세한 개인정보는 포함시키지 않습니다. 내담자의 상황을 이해하기 위해 필요한 최소한의 정보와 심리상담에서 나눈 대화만 전달됩니다. 전문가가 슈퍼비전을 하는 것은 심리상담의 내용이지, 내담자에 대한 개인정보는 아니니까요. 전문가는 내담자의 이야기 자체보다는, 그에 대한 상담자의 반응과 접근 방식, 태도에 대해 지도감독을 진행하는 사람입니다.

"사실 전문가는 그동안 수백 사례 이상의 상담을 진행했기 때문에, 현실적으로 수련생의 심리상담 사례에 크게 관심을 갖기도 어렵답니다."

슈퍼비전의 취지와 방식에 대해 설명을 들은 석영이는 안심이 됩니다.

"선생님, 이제 안심돼요. 녹음하는 것에 동의할게요."

"다행이네요. 그럼 구조화에서 꼭 짚고 넘어가야 할, 비밀보장을 깰 수 있는 경우에 대해 설명드릴게요."

"비밀보장을 지키지 않아도 되는 경우가 있어요?"

"네. 지금처럼 내담자의 동의를 받을 경우, 위급 상황일 경우, 법 집행과 관련해 합당한 이유가 있을 경우예요."

내담자의 동의를 받는 것은 석영이의 경우처럼 수련 중인 상담자가 지도감독을 받기 위해 심리상담의 내용을 녹음하고 녹취록으로 작성하는 경우가 대표적입니다. 상담자들이 모여서 공개 사례 회의를 하는 경우도 이에 해당합니다. 공개 사례 회의란 심리상담 사례에 대해 여러 전문가와 수련생이 함께 모여서 의견을 나누는 집단 지도감독이라고 할 수 있습니다. 혹은 심리상담 내용을 바탕으로 상담자가 자신의 책을 쓰거나 연구 목적으로 활용하려는 경우에도 꼭 내담자의 동의를 받아야 합니다. 어떤 경우든 내담자의 개인정보는 철저하게 비밀로 유지되며 내담자가 누군지 드러나지 않도록 신상에 관한 자세한 내용은 수정합니다.

위급 상황은 심리상담을 받는 도중에 내담자가 자신이나 타인을 해치거나 위험에 빠뜨리는 행동을 하는 경우를 의미합니다. 자살, 자해, 불법 약물 투여 등을 시도하거나, 타인을 살인하거나 학대하는 경우가 이에 해당합니다. 이럴 때 상담자는 경찰이나 가족에게 내담자의 개인정보를 넘겨서 위험한 상황으로부터 즉시 내담자와 주변 사람을 보호해야 할 의무가 있습니다.

"아, 그래서 심리상담 신청서에서 자살이나 자해 경험을 물어본 거군요."

"맞아요. 마지막으로 내담자가 법원이나 검찰 등의 조사를 받게 될 경우에는 심리상담 내용을 공개하라는 행정명령을 받을 수도 있어요. 우리나라에선 이런 경우가 거의 없지만, 심리상담이 우리보다 보편화된 미국이나 유럽에서는 종종 있어요."

석영이는 고개를 끄덕입니다. 설명을 들으면서 심리상담이 꽤 체계적이며 내담자의 입장을 충분히 배려한다는 생각이 듭니다.

"혹시 녹음이나 비밀보장에 대해 더 궁금한 점이 있나요?"

"아니요. 지금 당장 궁금한 것은 없어요."

"좋아요. 그럼 녹음을 시작할게요. 비록 지금은 녹음에 동의했지만,

제 마음도 괜찮아질까요?

도중에 언제라도 거부할 수 있어요. 불편하면 주저하지 말고 말해주세요."

상담자는 작은 녹음기를 테이블 중앙에 놓고 녹음 버튼을 누릅니다. 괜찮다고는 했지만, 막상 녹음기를 보니 석영이도 긴장됩니다.

심리상담의 목표 설정하기

"석영 학생은 심리상담을 통해 무엇을 얻고 싶어요?"

"잘 모르겠어요."

석영이는 고개를 떨어뜨리며 작은 목소리로 말합니다. 상담자가 석영이에게 지금 어떤 감정이냐고 묻자, 석영이는 심리상담에서 무엇을 이루고 싶어하는지도 잘 모르는 자신에게 화가 난다고 말합니다. 그러면서 사실 자신이 정말 무엇을 원하는지 모르겠어서 심리상담에 오기 싫은 마음이 들었다는 이야기, 그런데 철하라는 친구가 이런 마음까지 심리상담 시간에 솔직히 말하라는 조언을 해줬다는 이야기도 말합니다.

"선생님도 이런 제가 좀 답답하죠?"

"아니요. 오히려 석영 학생에게 믿음이 가는걸요."

믿음이라니, 자기 마음도 몰라 헤매는 모습을 상담자가 그렇게 표현해주니 이상한 기분이 듭니다. 상담에서 가장 중요한 것은 솔직함입니다. 심리상담에서 솔직해지지 못하는 사람은 중도 포기할 가능성이 높을 뿐더러, 심리상담의 효과를 보지 못하는 경우가 많습니다. 그러니 상담자는 자신의 마음을 가감 없이 있는 그대로 드러내는 내담자에게 믿음이 갈 수밖에 없습니다.

상담자는 석영이에게 작년에 사이비 심리상담센터를 찾아가게 된 계기를 묻습니다. 접수면담자에게 전해들은 간략한 내용을 말하며 회사에서의 성추행 사건에 대한 현재 석영이의 마음을 묻습니다. 석영이는 이내 눈시울이 붉어집니다. 다시 그때 일이 생각나는 것 같습니다. 보통 이런 상황에서 상대방은 설불리 위로하거나 울지 말라고 달래지만, 상담자는 석영이의 감정을 함께 느끼는 듯 애잔한 눈으로 바라보다가 화장지를 한 장 뽑아서 건넵니다.

"지금 마음이 어때요?"

"슬퍼요. 화도 나고. 저도 싫고, 그 자식도 죽이고 싶어요!"

석영이는 너무 슬프고 화가 나서 소리를 지릅니다. 그리고 자신도 모르게 튀어나온 본심에 깜짝 놀랍니다. 평소 혼자 이런 생각을 했지, 노골적으로 누군가에게 마음을 드러낸 적이 없었으니까요. 순간 걱정이 몰려옵니다. 상담자가 분노를 참지 못하고 버럭 터뜨리는 자신을 좋게 봐줄 리 만무하기 때문입니다. 작년에 만난 사이비 상담자는 당시에 제대로 대처하지 못하고 이제 와서 분노하는 석영이를 보고 한심하다면서, 모든 것이 석영이의 책임이라고 말했습니다.

"선생님도 저를 이상하게 보시죠? 선생님도 제 잘못이라고 생각하시나요?"

석영이는 흐느끼면서 힘들게 이야기를 꺼냅니다. 질문처럼 들릴 수도 있지만 사실 석영이는 상담자의 마음이 궁금하지 않습니다. 스스로도 자신의 모습이 싫으니, 상대방도 당연히 싫어할 것이라고 확신합니다. 지금까지 누구에게든 충분히 사랑받고 지지받아본 적이 없었습니다. 부모님은 부부싸움을 하느라 자신을 돌봐주지 않았고, 나이 차이가 많이 나는 오빠와 언니는 석영이를 거들떠보지도 않았습니다. 친구들 사이에서도 늘 이야기를 들어주는 입장이었지, 자신의 이야기는 거의 하지 않았습니다. 지난번 카페에서 철하에게 어렵게 자신의 이야기를 털어놓았을 때도, 철하가 큰 소리로 석영이의 잘못이 아니라고 말해주었지만 집에 가서 돌이켜보니 철하는 친구로서 자신의 기분을 상하지 않게 하려는 마음이었을 거라는 생각이 들었습니다.

"석영 학생, 지금 마음이 너무 힘들겠지만 저 좀 쳐다볼 수 있겠어요? 석영 학생에게 제 마음을 전하고 싶어요."

석영이는 두려운 마음을 안고 고개를 들어 상담자를 마주봅니다.

"저는 석영 학생을 이상하게 보지 않아요. 절대로 석영 학생 잘못이 아니에요. 전적으로 그 사람이 나쁜 사람이죠. 석영 학생은 피해자일 뿐이에요!"

"정말요?"

"제가 석영 학생에게 잘 보일 이유도 없는데 왜 거짓말을 하겠어요. 석영 학생이 그런 일을 겪은 것은 슬프고 속상하고 화나는 일이에요. 석영 학생은 전혀 잘못한 게 없어요."

석영이는 상담자의 이야기를 믿고 싶습니다.

"하지만 선생님은 그 상황에서 제가 어떻게 대처했는지 모르시잖아요. 그래서 선생님의 말씀을 믿고 싶은데도 자꾸 의심이 들어요."

"충분히 그렇게 느낄 수 있어요. 그러나 그 상황에서 석영 학생이 어떻게 말하고 행동했든지 가해자와 피해자가 바뀌지는 않아요. 석영 학생으로선 속상하고 아쉽고 되돌리고 싶겠지만, 자신을 비난해서는 안

제 마음도 괜찮아질까요?

돼요. 근거 없는 자책은 오히려 상황을 객관적으로 보기 어렵게 만들 뿐이에요."

우리는 곧잘 사건에 대한 자신의 감정을 잘잘못을 판단하는 데 사용합니다. 속상하고 힘들면 잘못한 일이고, 기분이 좋으면 잘한 일이라 생각하죠. 잘잘못을 따진 후 자신의 감정을 결정하려는 경우도 많습니다. 자신은 잘못한 일이 없는데 왜 이렇게 힘들어야 하냐고 억울해하고, 자신이 잘못한 것 같은데 왜 기분이 좋은지 의아해하기도 합니다. 감정과 판단은 본래 다른 것이라 일치하지 않을 때도 있습니다. 피해자는 과거의 일이 힘들고 버겁더라도 자신의 잘못으로 몰아가면 안 됩니다. 또 가해자는 자신의 마음이 힘들지 않더라도 잘못에 대한 책임을 져야 합니다.

"그럼 선생님, 작년의 힘들었던 일을 이야기하는 것도 상담의 목표가 될 수 있나요?"

"가능하죠. 작년 일을 어떻게 다루면 좋을까요? 조금 더 구체적으로 말해주면 좋겠어요."

"정말 제 잘못이 아니라면 내면에서 '네 잘못이야'라고 자책하는 마음이 들지 않았으면 좋겠어요. 혹시 상담을 잘 받게 되면 그때 일을 잊고 살 수 있을까요?"

우리는 힘든 일을 겪으면 그 일을 잊고 싶어 합니다. 그러나 기억 자체를 지울 방법은 현재로선 없습니다. 그런 작용을 하는 약물이나 수술법이 개발된다면 몰라도, 대화로 풀어가는 심리상담을 통해서는 불가능합니다. 다만 심리상담을 통해 그 기억에 압도되지 않도록 도울 수는 있습니다. 그 사건을 되짚어보면서 무엇이 잘못되었는지, 정말 누구의 잘못인지 따져보는 것이지요. 그리고 충분히 슬퍼하고 분노의 감정을 인정하면서 드러내다 보면 나중에 그 사건을 떠올렸을 때 이전보다 마음이 편안해질 수 있습니다.

석영이는 상담자의 설명을 들으며 심리상담에서 얻을 수 있는 것과 얻을 수 없는 것을 구분할 수 있게 됐습니다. 비록 기억을 완벽하게 지울 수는 없지만, 평소에 잘 지내다가도 문득 생각나는 그 사건 때문에 고통에 휩싸이는 상태가 끝날 수 있다면 그것으로도 충분하다는 생각이 듭니다.

"혹시 심리상담을 하는 도중에 다루고 싶은 것이 또 생각나면 이야기해도 되나요?"

"물론이에요. 하지만 하나씩 차근차근 해결해 나가도록 해요. 여러 주제를 동시에 다루면 이도 저도 아니라는 느낌이 들 수도 있거든요."

제 마음도 괜찮아질까요?

상담자와 내담자, "우리는 한 팀"

그렇다면 석영이는 상담자에게 어떤 기대를 갖고 있을까요?

"이제 우리는 석영 학생의 힘들었던 과거의 일을 이야기하겠다는 목표를 세웠어요. 이 과정에서 제가 석영 학생을 어떻게 도왔으면 좋겠어요?"

"글쎄요. 지난 일을 극복할 수 있는 방법을 알려주시면 되지 않을까요?"

수평적인 관계를 맺는 서양에서는 상담자를 자신보다 높은 위치에 있거나 더 나은 사람으로 인식하지 않습니다. 마음의 전문가일 뿐, 그이상도 이하도 아니라고 생각합니다. 호칭만 봐도 그렇습니다. 상담자 뿐만 아니라 내담자도 상담자의 이름을 부르니까요. 그러나 서열 관계가 중요한 우리나라에서는 상담자를 선생(先生)님이라고 부릅니다. 상담자가 자신보다 어리더라도 선생, 즉 '먼저 태어난 사람'이라고 부르죠. 이는 상대방의 전문성을 넘어서 인간으로서 자신보다 더 나은 사람이라고 인식하게 만듭니다. 그래서일까요? 상담자가 시키는 대로 하면 되겠거니 생각하는 경우가 많습니다.

그러나 심리상담은 상담자와 내담자가 '동등한 입장에서 함께하는' 마음 작업입니다. 상담자의 전문성은 내담자가 적극적으로 심리상담에 동참할 때 발휘됩니다. 마치 학교 선생님처럼 정답을 알려줄 거라고 기대했다가는 실망하기 쉽습니다. 그래서 심리상담의 구조화 시간에 내담자가 상담자에 대해 어떤 기대를 갖고 있는지 확인하고, 기대 수준을 보다 현실적으로 조정하는 것이 중요합니다.

"상담자도 사람이니까 완벽한 해결책을 알려줄 수는 없지만, 분명히 전문가로서 제 문제에 대한 나름의 해결 방법을 알고 계실 것 같아요."

심리상담은 내담자의 마음으로 떠나는 탐험과 같습니다. 상담자와 내담자가 함께 도달해야 할 목표를 정하고 떠나는 탐험이죠. 이때 상담자는 전문 탐험가의 역할을 맡습니다. 탐험가는 그동안 여러 미지의 세계를 개척해본 경험을 바탕으로 숙련된 기술과 방법이 있습니다. 그러나 탐험해야 할 내담자의 마음에 대한 정보는 부족하지요. 그 정보를 내담자가 제공해주어야 합니다. 탐험을 위한 지도를 가지고 있는 것은 내담자뿐이지요. 내담자는 미지의 장소에 대한 정보를 제공하고, 상담자는 자신의 숙련된 기술과 방법을 사용해 효과적으로 탐험하는 방법을 제시하는 겁니다.

많은 분이 심리상담을 받으러 오면 말하지 않아도 상담자가 모든 것을 알아차리고 답을 줄 것이라고 기대합니다. 마치 마법의 알약을 먹고 갑자기 인생이 변할 것을 기대하듯이 말입니다. 그러나 상담자는 내담자와 함께 팀을 이뤄 마음 여행을 떠나는 탐험가이지, 독심술가나 점쟁이가 아닙니다.

"저에게 미지의 영역에 대한 지도가 있는 것이군요. 탐험가인 선생님께 그 지도를 잘 보여줘야 하고요."

"바로 그거죠! 우리 두 사람의 팀워크가 중요해요."

제 마음도 괜찮아질까요?

석영이는 마음이 복잡합니다. 상담자의 역할에 대해 정확한 설명을 듣고 나니 충분히 이해되지만, 한편으로는 자신이 상담자에게 계속 마음을 보여줘야 한다는 생각에 벌써부터 힘이 빠지기도 합니다. 자신이 말하지 않더라도 모든 것을 정확하게 파악하고 명확한 답을 주는 상담자가 있으면 얼마나 좋을까 하는, 말도 안 되는 생각에 웃음이 납니다.

"그래도 제가 바뀌었으면 하는 점이 있으면 말씀해주실 거죠? 제가 무엇을 하든 무조건 맞다고 하시는 건 아니죠?"

"그럼요. 우리는 한 팀이에요. 상담자와 내담자라는 틀 안에서 만났지만, 심리상담을 할 때는 석영 학생을 제 가족이라 생각하고 진심을 다할 거예요."

상담자는 때로는 인생의 선배, 때로는 함께 길을 가는 동반자, 때로는 뒤에서 돕는 조력자로 역할합니다. 따라서 상담자는 자신이 생각하는 것을 내담자에게 숨기지 않고, 최대한 솔직하게 자신의 감정을 전달하고, 내담자의 감정을 물어봐야 합니다.

"저도 선생님께 솔직하게 말씀드려야겠죠."

"네. 그런데 무엇을 솔직하게 말해야 할까요?"

"주로 과거의 경험에 대한 속마음 아닐까요? 이번 심리상담의 목표가 작년의 사건이니까 당시 제가 주변 사람들에게 솔직하게 말하지 못했던 부분을 이야기해야 할 것 같아요."

"물론 그런 부분도 솔직하게 표현해야 해요. 그런데 더 중요한 게 있어요. 바로 저에 대한 석영 학생의 마음입니다."

심리상담에서 내담자가 솔직하게 드러내야 할 마음은 과거의 사건이나 주변 사람들에 대한 감정뿐만이 아닙니다. 그보다 더 중요한 것은 상담자에 대한 감정과 느낌입니다. 자신이 힘든 이야기를 꺼냈고 상담자가 내담자의 마음에 공감해주었는데도 내담자에게 상담자의 진심이 와닿지 않을 수도 있습니다. 일반적인 사회생활에서라면 예의상 "제 이야기에 공감해주셔서 고맙습니다"라고 말하겠지만, 심리상담에서는 정말 솔직하게 말해야 합니다. "선생님이 공감해주신다는 말씀이 믿어지지 않아요"라고 말이죠.

간혹 상담자에게 연인 같은 감정을 느끼는 경우도 있는데, 이때도 솔직하게 말해야 합니다. 상담자에게 화가 나더라도 솔직하게 말해야 합니다. 상담자가 실력이 없는 것 같아서 불안하다면 그마저도 솔직하게 말해야 합니다. 과거의 이야기나 주변 사람들에 대한 감정을 말하는 것보다 더 어려운 것이 상담자에 대한 느낌을 말하는 것입니다. 이런 측면에서 심리상담가는 내담자의 삶에서 한 발 떨어져 분석하고 지시하는 사람이 아니라, 때로는 내담자의 삶 속으로 들어가서 직접 관계를 맺는 사람입니다. 그런데 대개의 경우, 내담자는 상담자가 기분 나쁘거나 부담스러워할까 봐 상담자에 대한 자신의 마음을 쉽사리 드러내지 못합니다.

"제가 선생님에 대한 마음을 너무 솔직하게 말하면 선생님이 기분 나쁘실 수도 있잖아요."

"만약 석영 학생의 이야기를 듣고 기분이 좋지 않으면 저도 솔직하게

제 마음도 괜찮아질까요?

이야기할게요. 부정적인 감정을 솔직하게 드러내는 것은 상대방을 신뢰하기 때문에 가능한 일이에요. 석영 학생이 용기를 내서 저에게 솔직하게 마음을 전달하는 것은 다른 말로 표현하면 저를 믿기 때문 아니겠어요?"

심리상담에서 상담자와 내담자가 부정적인 이야기를 솔직하게 이야기할 정도로 신뢰할 수 있다면 이보다 더 좋은 것은 없습니다. 심리상담에서 성공과 실패를 따지기는 어렵지만, 굳이 따진다면 서로에 대한 신뢰는 심리상담을 성공으로 이끌어주는 길잡이와 같습니다.

"꼭 나쁜 이야기만 해야 하는 것은 아니죠? 선생님이 너무 좋아지면, 좋다고 표현해도 되죠?"

"물론이에요. 석영 학생이 저에게 느끼는 감정이 무엇이든 저에게 솔직하게 말해주세요. 한 번도 가보지 못한 석영 학생의 마음 여행을 잘 마칠 수 있도록, 저를 잘 이끌어줘야 해요."

친구가 요새 심리상담을 받고 있는데,

궁금한 것이 많이 생기는 거 같다.

나는 언제나 그 질문을 상담자에게 직접 하라고 권한다.

물론 상담자에게 부정적인 감정을 표현하거나,

상담자와의 관계에 의심이 든다고 말하거나,

하는 말들이 와닿지 않는다고 얘기하거나,

좋아하는 감정이 생긴 걸 고백하거나,

솔직해지는 것에 대한 불안감을 털어놓는 건

정말로 쉽지 않은 일이다.

하지만 그 쉽지 않은 일을 하기 위해
비싼 돈을 내고 심리상담을 받는 것이다.

인간관계가 공놀이라면 상담자는 제일 안전한 연습 상대이다.

지금까지 쌓여온 자신의 문제를 파악하기 위해서는

밖에서 있었던 일을 설명하는 것보다

직접 던져보는 것이 좋다.

안전하다고 느껴지는 벽을 넘어가는 것은 내담자에게도

심지어 상담자에게도 떨리는 일이지만

좋은 상담자라면 그 공을 피하지 않을 것이다.

심리상담의 종결, 이별도 아름답게

"석영 학생, 심리상담은 오늘처럼 계속 화요일 2시에 가능한가요?"

"네, 이번 학기는 오후에 딱히 일정이 없으니 괜찮을 것 같아요."

"좋아요. 그럼 화요일 2시에 시작해서 50분간 진행해요. 2시 전에 도착해서 안내데스크에 이름을 말하고 소파에 앉아 있으면 제가 시간 맞춰서 나올게요. 혹시 늦더라도 2시 50분까지만 상담할 수 있어요. 보통 3시부터는 다른 상담자가 상담실을 사용해야 하거든요. 그래서 석영 학생도 늦지 않게 와주면 좋겠어요."

전문가의 심리상담이 친구들과의 수다와 다른 이유는 시간과 장소가 정해져 있기 때문입니다. 심리상담의 구조화에선 별것 아닌 것처럼 보일 수 있는 시간과 장소에 대한 이야기가 빠지지 않습니다. 시간과 장소를 정하는 것은 상담자와 내담자 모두에게 안정감을 줍니다. 한번 정한 시간과 장소는 특별한 경우가 아니면 서로 꼭 지켜야 합니다. 이는 심리상담의 기본이나 마찬가지입니다. 상담자가 개인 사정으로 시간을 자주 바꾼다면 내담자의 신뢰가 떨어지고, 이는 심리상담 전반에 좋지 않은 영향을 미칠 수도 있습니다. 부득이하게 일정을 변경하려면 적어도 48시간 이전에 연락하는 것이 좋습니다.

대학교 내 학생상담센터나 교육청 산하의 Wee센터, 지역의 정신건강증진센터나 청소년상담센터 등 무료로 심리상담을 받을 수 있는 곳에서는 내담자들의 잦은 일정 변경 때문에 상담자들이 어려움을 겪습

니다. 무료 심리상담이기 때문에 내담자들로선 갑작스럽게 심리상담을
취소해도 불이익이 없지만, 사설 심리상담센터에서는 갑작스럽게 심리
상담 일정을 취소하더라도 상담비를 지불해야 하는 경우도 있습니다.
그 기준은 심리상담센터마다, 상담자마다 다르지만 대개의 경우 일방
적인 취소에 대해서는 엄격한 기준을 갖고 있습니다. 심리상담이란 상
담자와 내담자 사이의 상호 신뢰를 전제로 진행하므로, 서로 시간과 약
속을 지키려고 애쓸 필요가 있습니다.

"그런데 더 속상한 건 한두 번 심리상담을 취소하거나 늦는 것이 아
니라, 일방적으로 심리상담을 끝내버리는 경우예요."

피치 못할 개인 사정 때문에 심리상담을 중단할 수도 있지만, 그보다
는 평소 상담자와의 소통이 원활하지 않아서 말없이 심리상담에 나오
지 않는 사례가 많습니다. 가령 상담자의 반응이 마음에 들지 않는데도
직접 말하지 못하고 마음에 쌓아두다 보니 심리상담 시간에 오히려 상
처만 키우게 되어 포기하는 경우가 이에 해당합니다.

자신의 속마음을 표현하는 것이 타인에게 불편함을 준다고 생각하는
사람은 심리상담을 하면서도 상담자의 눈치를 살피게 됩니다. 물론 상
담자는 내담자의 이런 마음을 파악하고 끊임없이 내담자의 생각과 감
정을 살펴 직접 물어봐야 합니다. 그리고 내담자는 상담자의 질문에 솔
직히 답해줘야 합니다. 의사에게 찾아가 상처를 치료하기 위해서는 자
신의 환부를 드러내야 하고, 음치인 사람이 음악가에게 노래 잘하는 방
법을 배우려면 우선 자신의 실력을 보여줘야 하듯 말이죠. 내담자가 자

신의 마음을 드러내지 않는다면 심리상담은 효과를 거둘 수 없고, 이는 내담자의 일방적인 심리상담 종결로 이어질 가능성이 매우 높습니다.

만남에는 반드시 이별이 있는 법, 내담자의 일방적인 종결이 아니라면 심리상담은 언제 끝날까요? 심리상담은 목적이 있는 만남입니다. 따라서 그 목적을 이루면 상담자와 내담자는 심리상담을 이제 멈춰도 될지, 혹은 다른 종류의 심리상담을 받아보는 것이 좋을지 등에 관해 의논합니다.

여기까지 설명을 들은 석영이의 표정이 어두워지자 상담자가 물어봅니다.

"어떤 마음이에요?"

"생각만 해도 슬퍼요. 또 저 혼자 남겨지겠네요. 늘 그랬던 것처럼요."

석영이는 오늘이 첫 만남인데 벌써 그런 이야기를 들으니 이별해야 할 것 같은 기분이 든다고 솔직히 털어놓습니다. 상담자와 서로 마음을 주고 받다 보면 당연히 정이 들고 그러다 보면 헤어지기 싫을 텐데, 석영은 그 이별이 얼마나 힘들지 겁이 납니다.

"심리상담의 종결은 석영 학생에게도 그렇지만 저에게도 쉽지 않은 일이에요. 그래서 우리 모두를 위해 종결 시기는 함께 정할 거예요."

심리상담의 종결은 어느 날 갑자기 일어나는 것이 아니라, 상담자와 내담자가 그에 대해 충분히 이야기를 나눈 후에 이루어집니다. 내담자의 감정을 무시하는 종결은 그동안의 심리상담 효과를 무용지물로 만들 수도 있습니다. 오히려 심리상담을 받지 않은 것만 못할 정도의 역

제 마음도 괜찮아질까요?

효과가 나타날 수도 있기 때문에, 종결 과정은 상담자와 내담자가 조심스럽게 함께 준비해야 합니다.

석영이는 이별도 함께 준비한다는 말에 안도합니다. 그동안 이별에 대해 슬퍼하고 분노하고 감정을 정리하는 것은 언제나 혼자만의 몫이었거든요. 부모님이든, 언니 오빠든, 그동안 만났던 연인이든 모두 석영이를 혼자 두고 떠났습니다. 그런 반복된 경험을 통해 석영이는 세상에 대한 마음의 문을 닫았습니다. 만나고 헤어지는 것은 어쩔 수 없는 현실로 받아들였지만, 그 현실 앞에서 외면당하는 자신의 감정은 감당하기가 너무 어려웠습니다. 그런데 심리상담에서는 이별을 할 때도 함께 감정을 나눌 수 있다니 정말 다행입니다.

여기서 잠깐!

심리상담은 목적이 있는 만남이기 때문에 상담자와 미리 정해놓은 목표를 성취하면 마무리 짓게 됩니다. '심리상담을 끝내는 게 뭐 그리 어려울까'라고 생각하는 사람도 있겠지만, 심리상담의 본질이 상담자와 내담자가 긴밀하게 속마음을 나눈다는 것임을 고려할 때 종결을 선언하는 것은 정말 쉽지 않은 일입니다.

이 때문에 상담자와 내담자가 함께 종결을 결정하고, 심리상담을 종결하는 것에 대해 어떤 마음이 드는지에 대해서도 충분히 이야기를 나눕니다. 또 경우에 따라서 갑작스럽게 단칼에 끊어내듯 종결하기보다는 매주 만나던 것을 2주로, 다시 4주로, 다시 6주나 8주로 간격을 늘이다가 심리상담을 종결합니다. 이는 심리상담이 갑작스럽게 끝났을 경우, 발생 가능한 부작용을 최소화하기 위한 것입니다.

심리상담이 정말 효과가 있다고 말하기 위해서는 심리상담에서 작업했던 내용들이 심리상담이 끝난 후 일상에서도 계속 좋은 결과로 이어져야 하기 때문에, 심리상담에서 종결은 중요하게 다뤄야 할 과정입니다.

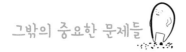

석영이가 시계를 살짝 보니, 상담실에 들어온 지 벌써 30분이 넘어가고 있습니다.

"선생님, 그럼 구조화는 다 된 건가요? 지금 말한 내용을 계약서로 작성해서 서명한다고 하셨는데, 사인만 하면 되는 거죠?"

"지금 어떤 마음으로 그런 걸 묻는지 궁금해요."

"사실 오늘부터 제 이야기를 할 수 있을 거라고 생각했거든요. 그래서 빨리 구조화가 끝나면 좋겠어요. 조금이라도 더 이야기를 할 수 있도록 말이에요."

"아하, 그렇게 생각했다면 시간이 정말 아까울 수도 있겠네요. 그런데 어떡하죠? 아직 중요한 문제를 몇 가지 더 이야기해야 하는데."

"어쩔 수 없지요. 그래도 구조화는 매우 중요한 과정인 것 같으니 마저 해야겠죠."

상담자는 맨 위에 '상담 계약서'라고 적혀 있는 종이를 꺼냅니다. 그 아래에는 '상담자가 지켜야 할 사항', '내담자가 지켜야 할 사항', '심리 상담 진행 관련 사항'이라는 소제목이 있고 제목 아래 여러 가지 내용이 적혀 있습니다.

우선 '상담자가 지켜야 할 사항'에는 "내담자의 성장과 변화를 위해 최선을 다한다"라는 문장이 쓰여 있고, 그 밑으로는 내담자의 비밀 보장에 관한 의무가 적혀 있습니다. 그리고 비밀 보장을 깰 수 있는 세 가지 조건도 명시되어 있습니다. 석영이는 상담자와 이 부분에 대해 충분한 이야기를 나누었기 때문에 그다음 항목으로 눈을 돌립니다. 그다음 항목은 내담자가 위급 상황에 처했을 경우, 상담자가 내담자를 어떻게 도와야 하는지에 대한 내용입니다.

"선생님, 위급 상황이라면 아까 말씀하셨던 자신이나 타인을 해치려는 행동을 말씀하시는 거죠?"

"네. 더 정확하게 말하면 그런 충동이 생겼을 때, 상담자에게 도움을 요청하지 않고 바로 행동으로 옮긴다면 심리상담은 자동으로 종결될 거예요."

심리상담이 자동으로 종결된다는 말에 석영이는 인상을 찌푸립니다.

"아니, 심리상담이 상담자와 내담자가 함께하는 것이라면서 어떻게 자동으로 종결될 수 있죠?"

이는 자해를 하거나 타인에게 공격적으로 변하려는 충동이 생길 때 행동으로 옮기지 말고, 반드시 상담자에게 먼저 도움을 요청하라는 일종의 경고입니다. 심리상담을 안정감 있게 진행하고 실제로도 좋은 결과를 이끌어내기 위해서는 내담자 자신의 신변이 안전한 상태라야 가능합니다. 내담자에게 상담자에 대한 믿음이 있고 심리상담이 도움이 되고 있다면, 자살이나 자해, 타살이나 학대의 충동이 생길 때 심리상담이 종결될 수 있다는 사실을 떠올려 상담자를 만날 때까지 그 충동을 견디고 참도록 하는 것이 이 조항의 목적입니다. 심리상담을 하다 보면 종종 스스로 통제하기 어려운 감정들과 마주하게 되는데, 그런 상황에서 돌이킬 수 없는 행동을 하지 말아야 한다는 의미입니다. 따라서 '하기만 해봐. 바로 심리상담 종결이야'라고 협박하는 것이 아니라, '심리상담이 끝날 수도 있으니까 제발 하지 마'라는 간절함을 전하는 조항이라고 이해하면 됩니다.

그런데 만약 순간의 분노나 슬픔을 참지 못하고 상담자에게 연락하지 않은 채 충동을 행동으로 옮기게 되었다면, 심리상담은 자동으로 종결되고 상담자는 내담자를 다른 전문가에게 보내 심리상담을 지속하도록 합니다.

"생각만 해도 너무 힘들 것 같아요, 정말. 마음을 주고받으면서 함께하는 사이가 그렇게 끝난다면 말이죠."

그런 의미에서 이 조항은 내담자의 자살이나 자해 충동이 행동으로 이어지지 못하도록 만드는 강력한 힘을 갖습니다.

"그럼, 위급 상황일 때 연락 가능한 선생님의 개인 연락처를 알려주시는 거예요?"

학교나 병원 부설 심리상담센터나 기업형 심리상담센터에는 보통 상담자의 개인 연락처를 알려주지 않는다는 내부 원칙이 있습니다. 상담자에게 연락하는 것은 심리상담센터를 통해서만 가능하게 하는 것이죠. 그러나 개인 심리상담센터의 경우, 상담자의 개인 연락처를 알려주는 경우도 종종 있습니다. 위험 상황에 처했을 때는 언제든 상담자에게 도움을 요청할 수 있는 다양한 방법이 있습니다.

"심리상담센터마다 방침이 다른데, 우리 심리상담센터는 자살충동이 생기면 생명의 전화(1588-9191)나 자살예방핫라인(1577-0199)으로 연락하라고 안내하고 있어요."

그 아래쪽에는 '내담자가 지켜야 할 사항'이 보입니다. 상담자와 함께 심리상담의 목표에 다다르기 위해 성심껏 심리상담에 임하고, 솔직하게 마음을 전달해야 하며, 위급 상황에선 어떻게 행동해야 하는지 명시되어 있습니다. 석영이는 상담자의 설명을 들으면서 점점 표정이 일그러집니다.

"선생님과 개인적으로 연락하고 지내는 것은 안 되나 봐요. 왜 이렇게 제한이나 규칙이 많나요?"

"그렇게 느낄 수도 있어요. 그런데 상담자와 개인적으로 연락을 주고받지 않는 이유는 이중관계의 가능성 때문이에요."

이중관계란 상담자와 내담자가 상담 이외의 목적으로 맺는 관계를 말합니다. 예를 들어, 상담자와 내담자가 돈 거래를 하거나, 연인 관계를 맺는 경우가 이에 해당합니다. 이중관계를 맺는다면 심리상담에 영향을 미칠 뿐만 아니라, 상담자가 내담자를 착취하는 최악의 상황이 벌어질 수도 있습니다. 상담자와 내담자는 서로 마음을 나누는 동등한 관계이지만, 상대방의 개인정보나 심리적 취약점을 더 많이 알고 있는 쪽은 상담자입니다. 따라서 이중관계를 금지하는 것은 내담자를 보호하려는 목적이기도 합니다. 이중관계 금지는 또한 기존에 관계를 맺고 있던 사람들과는 심리상담을 진행하지 않는다는 원칙과도 연결됩니다. 가족이나 친구, 연인 사이는 상담자와 내담자의 관계를 맺지 않습니다.

심리상담 시간 이외에 연락을 주고받을 경우, 심리상담의 시간과 장소를 정하는 의미가 없어지기 때문에 이는 심리상담의 전문성과 효과성을 해치는 결과를 초래할 수도 있습니다.

석영이는 상담자와 일정한 거리를 유지해야 한다는 것 같아서 다소 아쉽긴 하지만 한편으로 안심됩니다. 상담자와 개인적인 관계를 만들지 않는 것이 심리상담에서 자신을 훨씬 더 솔직하게 만들어준다고 하니까요.

"석영 학생이 정확하게 이해했다니 다행이에요. 심리상담의 첫 단추가 잘 꿰어진 느낌이에요."

여기서 잠깐!

무료로 심리상담을 받을 수 있는 기관에서는 구조화 과정에서 비용 문제를 다루지 않습니다. 그러나 비용을 지불하고 심리상담을 받는 기관에서는 구조화할 때 비용에 대해서도 이야기를 나눕니다. 먼저 비용을 얼마로 할 것인지 정하는 것이지요.

보통은 상담비가 정해져 있습니다만, 내담자에게 경제적 어려움이 있다면 일정 금액을 할인해주는 상담자가 있기도 합니다. 만약 내담자의 경제 상황이 나아져서 상담비를 재조정할 필요가 있을 것 같다면, 이 부분에 대해서도 구조화 때 미리 이야기를 나눕니다.

상담비 지불 방법도 중요한 주제입니다. 심리상담 전에 지불할 것인지, 심리상담을 받으러 와서 지불할 것인지 정하죠. 또한 매회 지불할 것인지, 일시불로 할 것인지도 상담자와 내담자가 합의해야 합니다.

더불어 정해진 시간을 채우지 않고 갑작스럽게 취소할 경우 상담비를 그대로 지불해야 한다면, 정확하게 그 시간의 기준도 정합니다.

심리상담 시간에 상담자와 마음 이야기가 아니라 돈 이야기를 하는 것이 불편할 수도 있지만, 상담비는 상담자와 내담자 모두에게 중요한 동기이자 심리상담에 대한 책임감과 연결되는 만큼 분명하게 짚고 넘어가야 할 문제입니다.

제 마음도 괜찮아질까요?

그럼 다시 계약서로 돌아가, 마지막 '심리상담 진행 관련 사항'의 내용을 살펴보겠습니다. 심리상담 종료는 상담자와 내담자가 함께 협의해서 결정하고 일방적으로 종결하지 않으며, 심리상담 취소를 원할 경우 가급적 빠른 시일 내 연락한다는 내용입니다. 또 녹음에 대한 동의 여부를 체크하는 문항도 있습니다.

"혹시 더 궁금한 점이 있나요?"

"아니요. 선생님이 친절하게 설명해주셔서 다 이해했어요."

두 사람은 똑같은 계약서 두 장에 날짜와 이름을 쓰고 사인합니다. 한 장은 석영이에게 주고, 한 장은 학생상담센터에서 보관한다고 안내합니다.

"오늘 첫 상담은 여기서 마칠게요. 다음 주 화요일 2시에 만나요."

"선생님, 잘 부탁드려요. 말씀하셨던 것처럼 선생님과 한 팀이 되어 제 마음에 있는 미지의 영역을 잘 탐험할 수 있도록 최선을 다할게요."

석영이는 학생상담센터 문을 열고 나오면서 오늘 아침 일이 생각납니다. 막연하게 생겨난 저항감, 심리상담 효과에 대한 의심을 떨치지 못하고 여기에 오지 않았다면 하고 생각하니, 아찔합니다. 아직 본격적인 심리상담을 시작하지 않았지만, 심리상담의 구조화를 경험하면서 심리상담에 대한 확신이 생겼습니다. 실제 결과가 어떻든 간에 솔직하게 마음을 나눌 수 있는 관계가 생긴 것만으로도 충분하다고 생각합니다.

첫 심리상담을 마치고

첫 심리상담이 끝나고 돌아가는 길

혼란스럽다면 그건 절대 이상한 게 아니다.

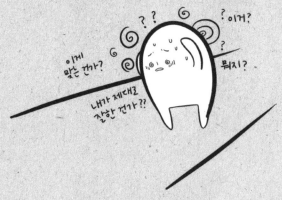

'겨우 이거였나' 싶을 수도 있고,

낯선 사람 앞에서 발가벗은 느낌이 들었을 수도 있고,

너무 울어서 머쓱할 수도

상담자가 나에 대해 어떻게 평가할지 궁금할 수도 있다.

돌아가는 길에야 할 말이 마구 생각나기도 하고

힘들었다는 목소리가 터져나올 수도 있다.

어떤 감정을 느끼든 틀린 건 없다.

누구에게나 처음이라는 건 완벽할 수 없고,

시작한 것만으로도 대단한 일인걸!

지금 그 느낌이 부정적이든 긍정적이든 혼란스럽든

상담자에게 자꾸 말을 건네고 있는 자신을 발견한다면

귀 기울여주는 사람이 기다리고 있을 테니.

다음주에 또 봐요!

PART 4

〈 **심리검사,** 정말 **내 마음을** 말해줄까? 〉

TV 출연, 믿지 마세요

학생상담센터에서 첫 만남을 마친 석영이는 철하에게 전화를 걸어서 고맙다고 합니다. 철하가 아니었다면 심리상담을 시작하지도 못했을 테니까요. 철하는 석영이의 밝아진 목소리에 마음이 놓입니다. 1학년 때 함께했던 석영이의 밝고 쾌활한 모습으로 돌아온 것 같아 다행이라는 생각이 들지만, 심리상담은 이제 시작일 뿐이니 석영이가 마음의 상처를 극복하기까지는 시간이 다소 걸릴 것입니다. 철하는 이 과정에서 자신이 옆에서 힘이 되는 사람이 되면 좋겠다고, 아니 그래야겠다고 다짐합니다. 예전에 은영 선배와의 대화를 통해 상담이 좋은 성과를 내기 위해서는 주변 사람의 지지와 격려가 필요하다고 들었거든요. 철하도 지난 학기 은영 선배 덕분에 심리상담을 잘 마칠 수 있었습니다.

여기서 잠깐!

심리상담에 대한 오해나 선입견이 많은 우리 문화에서는 주변 사람들 때문에 심리상담을 일방적으로 종결해버리는 경우가 많습니다. 심지어 본인은 심리상담을 통해 도움을 받고 있다고 느끼는 상황에서도 타인의 시선이나 조언 때문에 그만두기도 하죠.
반면 주변에서 지지해주고 격려해준다면 심리상담 과정에 온전히 집중할 수 있습니다. 심리상담은 자신의 내면과 대인관계 패턴 등 평소 잘 인식하지 못하고 살던 마음을 살피는 일이기 때문에 힘든 순간이 많습니다. 이때 주변의 지지가 있다면 중간에 포기하지 않고 지속할 수 있습니다.
주변에 심리상담을 받는다고 말하는 사람이 있나요? 응원과 격려를 해주세요. 본인이 직접 심리상담을 받으시나요? 주변 사람들에게 응원과 격려를 요청해보세요.

한 시간 전, 철하는 학생회관 식당으로 가던 중 지선이의 연락을 받았습니다. 서양화를 전공한 지선이는 졸업한 뒤 지금까지 미술 학원에서 아이들을 가르치고 있습니다. 유명한 미대 입시학원에서 더 좋은 조건을 제안 받기도 했지만, 유별나게 아이들을 좋아해서 지금까지 동네 미술 학원에서 유치부와 초등부 아이들의 미술 선생님으로 일하고 있습니다. 철하와 전공은 다르지만 동아리 활동을 함께한 덕분에 철하가 입대하느라 휴학하기 전까지 은주와 셋이서 절친으로 지냈습니다. 입대할 때까지 여자친구가 없었던 철하를 위해 은주와 지선이는 몇 번이나 면회를 갔습니다. 덕분에 군대에서 철하는 능력자라고 소문이 났고, 여자친구가 아니라 대학 동기라는 사실이 알려지면서 선임들까지 철하에게 잘 보이려고도 했지요. 덕분에 철하는 군 생활을 편하게 했습니다.

이렇게 친한 사이인 지선이가 갑자기 학교에 온다고 하니, 같이 점심을 먹자는 제안을 뿌리칠 수 없습니다. 금방 도착한다는 지선이의 말을 철석같이 믿고 학생회관 식당에서 기다린 지 한 시간이 다 되어갑니다. 철하의 인내심이 바닥을 칠 때쯤 익숙한 목소리가 들립니다.

"철하야, 미안! 많이 기다렸지?"

"야, 지금 몇 시야!"

평소에 성격 좋기로 소문난 철하이지만, 배고플 때만큼은 예민하게 변합니다. 이를 잘 알고 있는 지선이가 싹싹 빌면서 말합니다.

"정말 미안해. 대신 이 누나가 밥 살게. 그리고 후식까지 거하게 쏠 테니 화내지 마라. 오늘 가장 비싼 메뉴 먹어, 응?"

　　　　　　　　　　　제 마음도 괜찮아질까요?

가장 비싼 메뉴에 후식까지 사겠다는 지선이의 말에 철하는 금세 기분이 풀어집니다.

"아니, 지선아. 그나저나 너 웬일이야? 학교엔 정말 오랜만에 왔지?"

"3년 만이지. 졸업증명서 발급 받으러 왔어. 미술 치료 대학원에 원서 넣어볼까 해서 말이야."

"미술 치료? 아니, 갑자기 웬 미술 치료?"

어린 시절부터 미술을 공부한 지선이는 미술 작업이 마음을 잘 드러내는 도구라고 생각합니다. 자신의 감정에 따라 작업이 잘되기도 하고, 안 되기도 하니까요. 그리고 그날의 기분과 컨디션에 따라 끌리는 색이 다르기도 합니다. 함께 그림을 그리는 친구들의 작품을 보면서도 그림이 마음을 드러내는 좋은 수단이라는 확신을 갖게 되었습니다.

그러던 중 학원에서 함께 일하는 다른 선생님이 미술 치료를 배웠다는 이야기를 들으면서 흥미가 생겼습니다. 지난번에 친구 은주가 심리 상담을 받을지 고민하는 모습을 보면서 미술과 심리의 관계에 대해 더 깊은 관심을 갖게 되었습니다. 기회가 된다면 미술 치료를 본격적으로 공부해보고 싶다는 마음에 인터넷 검색을 하던 중, 대학원의 미술 치료 전공 입시요강을 발견했습니다. 당장 진학해야겠다고 결심이 선 것은 아니지만, 시험이나 한번 볼까 하는 마음이 들어서 급하게 서류를 준비하게 된 것입니다.

"난 반대야."

당연히 철하가 지지해줄 줄 알았던 지선이는 당황합니다.

"아니, 왜? 난 네가 적극적으로 지지해줄 줄 알았는데."

"나도 미술 작업이 어느 정도 마음을 반영한다고 생각해. 그런데 과연 그림 그리기가 얼마나 정확하게 사람의 마음을 알려줄까? 또 그림을 전과 다르게 그린다고, 사람의 마음이 변하거나 아픈 마음이 치료될까?"

"그런데 TV를 보면 미술 치료 전문가들이 나와서 사람들의 그림을 보고 부모와의 애착이나 자신에 대한 이미지가 어떻다고 말하잖아. 그럼 그 사람들은 뭐야?"

"은영 선배 말에 따르면 그건 TV이기 때문에 어쩔 수 없는 거래. 제대로 된 심리검사는 결과가 숫자로 나오고 해석하기가 까다로워서 방송에 어울리지 않거든. 방송 작가나 PD는 일반 시청자들이 쉽게 고개를 끄덕일 수 있도록 전달해야 하니까 어쩔 수 없이 그림 검사를 사용한다고 그러던데."

사람들은 TV에 출연하는 사람을 너무 쉽게 그 분야의 전문가라고 믿고, TV에서 사용하는 심리검사는 정확하고 좋은 것이라고 믿는 경향이 있습니다. 그러나 사실은 그렇지 않은 경우가 많습니다. 해당 분야에 대한 지식이 깊지 않아도 언변이 뛰어나면 방송에 자주 출연합니다. 마찬가지로 사람의 마음에 대해 정확한 정보를 주지 못하는 심리검사일지라도 시청자들이 보기에 좋고 이해하기 쉬우면 자주 인용됩니다. TV에 출연한 사람이 정말 해당 분야의 전문가인지 확인하기 위해 학력과 이력, 자격증을 살펴봐야 하는 것처럼, 심리검사 역시 제대로 된 검사

제 마음도 괜찮아질까요?

인지 따져봐야 합니다.

"그럼 너는 미술 치료가 아니라 미술 심리검사 같은 것을 배울 목적으로 대학원에 진학하는 것에도 반대하니?"

"최종 결정은 네 몫이지만, 결정하기 전에 내 제안을 고려해보면 좋겠어."

"제안?"

"응. 네가 사람의 마음에 관심이 있고 그것이 미술이라는 도구를 통해 어떻게 드러나는지 궁금하다면 종합심리검사를 한번 받아보는 게 어떨까?"

"종합심리검사? 어디서 받을 수 있는데?"

"아, 그래. 지난번 은주가 방문한 ○○심리상담센터 어때? 거긴 상담과 심리검사가 모두 가능하다고 들었거든. 거기 연락처 알려줄게."

철하에게 전화번호를 받은 지선이는 약간 상기된 얼굴입니다. 친한 친구가 자신의 대학원 진학을 반대해서 살짝 실망했지만, 오히려 더 확실하게 좋은 결정을 할 수 있을 것 같다는 기대가 생깁니다.

마음의 건강검진, 종합심리검사

"이곳에 연락해서 종합심리검사를 받고 싶다고 하고 예약하면 되는 거야? 금액은 얼마 정도 될까?"

"일단 한번 전화해서 물어봐. 심리상담센터마다 다르지만, 대략 30만~40만 원 정도일걸."

"그렇게나 비싸? 아니, 도대체 왜 그렇게 비싸니?"

"종합심리검사에 대해 알면 비싸다는 생각이 안 들 거야."

종합심리검사란 다른 말로 검사 총집, 영어로는 풀 배터리(full battery)라고 합니다. 사람의 마음과 행동을 다양한 측면에서 평가할 수 있도록 여러 검사를 한번에 실시한다고 해서 붙은 이름입니다. 종합심리검사에 포함되는 검사의 종류는 실시하는 곳마다 다르지만 보통 대여섯 가지 정도입니다.

그렇다면 종합심리검사를 통해 알 수 있는 것은 무엇일까요? 인지능력, 성격과 기질, 대인관계, 정서, 정신장애 등을 알아볼 수 있습니다. 인지 능력에는 언어능력, 기억력과 집중력, 문제해결 능력, 공간지각 능력 등이 포함됩니다. 유전의 영향을 받는 기질과 출생 이후 양육 과정과 삶의 경험을 통해 만들어지는 성격에 대한 부분도 확인할 수 있습니다. 뿐만 아니라 평소 자신의 대인관계가 어떤지도 알 수 있습니다. 우울과 불안을 비롯한 정서적 측면과 마음의 어려움이라고 할 수 있는 정신장애에 대한 부분도 알아볼 수 있습니다. 마치 종합건강검진을 받으면 우리 몸의 건강 상태를 종합적으로 확인해볼 수 있는 것처럼 종합심리검사는 마음의 상태를 전체적으로 확인해볼 수 있는 도구입니다.

"마음의 종합검진이라, 꽤 괜찮은 것 같다. 그런데 종합건강검진은 우리 몸에 질병이 있는지 확인하기 위해서 받는 거잖아. 그럼 종합심리검사도 정신장애가 있는지 확인하기 위한 검사니? 그런 검사를 내가 받았으면 좋겠다는 말이야?"

종합건강검진은 질병을 확인하는 데 초점이 맞춰져 있지만 종합심리검사는 좀 다릅니다. 우리 마음의 약점이나 단점을 확인하는 것을 넘어서 내가 잘 알지 못하는 나의 강점과 장점도 확인할 수 있습니다. 보통 사람들은 자신이 잘하는 점보다는 못하는 점에 더 많이 신경을 씁니다. 아무래도 못하는 점을 보완하면 더 나은 사람이 될 수 있다는 생각 때문일 것입니다. 그러나 긍정심리학 연구 결과에 따르면, 우리가 더 행복해지기 위해서 못하는 점을 보완하기보다는 잘하는 점을 살리는 편이 효과적이라고 조언합니다.

나의 장점과 강점을 어떻게 알 수 있을까요? 본래 사람은 긍정적인 면보다는 부정적인 면에 더 민감한 경향이 있고, 게다가 자신의 긍정적인 면에는 쉽게 익숙해져서 이를 잘 찾아내기 어렵습니다. 객관적인 심리검사는 바로 이런 측면에서 도움이 됩니다. 심리검사는 자신의 특성을 다른 사람과 비교해 점수를 부여하는 방식으로 이뤄지기 때문입니다. 철하의 설명을 듣던 지선이가 깜짝 놀랍니다.

"나를 다른 사람과 비교한다고?"

"응, 그게 인터넷에 떠도는 심리테스트와 심리검사의 중요한 차이점이야."

철하는 지난 학기 심리검사 수업 시간에 배웠던 내용을 떠올려봅니다. 사실 철하도 심리검사 수업을 듣기 전에는 심리검사가 일종의 심리테스트라고 생각했습니다. 왜냐하면 심리테스트도 놀랄 정도로 정확하다고 생각한 적이 많으니까요. 그러나 심리검사 수업을 들으면서 이런 생각은 착각임을 알았습니다.

심리테스트는 심리검사를 흉내 냈다고도 말할 수 없을 정도로 엉터리입니다. 심리테스트 결과는 일관되지 않고, 어떤 근거로 결과를 측정하는지 기준도 없으며, 채점과 해석에 대한 절차도 정확하지 않으니까요. 출처도 불분명하지요. 맞으면 재미있고 틀려도 상관없는 것이 심리테스트입니다.

무엇보다 중요한 차이점은 심리테스트는 문제에 대한 답변을 다른 사람들의 것과 비교하지 않고 직관적으로 해석한다는 겁니다. 일례로 최근에 유행한 '사이코패스 테스트'는 어떤 질문을 던져놓고 A를 선택하면 일반인, B를 선택하면 사이코패스라는 식으로 구성돼 있습니다. 그러나 제대로 된 심리검사는 수천 명이 넘는 피검자를 상대로 실시해 수집된 반응으로 평균과 표준편차를 구해 기준으로 삼습니다. 때문에 제대로 된 심리검사는 전문가의 실시와 채점과 해석이 없으면 이해할 수 없을 정도로 전문적입니다.

심리검사 하나를 만드는 데는 상당한 노력과 시간이 필요합니다. 외국에서 만든 검사는 단순히 한국어로 번역한다고 해서 쓸 수 있는 것이 아닙니다. 외국 문화를 바탕으로 만들어진 검사 문항을 우리 문화에 맞게 수정해야 하고, 수정한 문항이 원래 검사의 의도를 제대로 반영하는지도 검증해야 합니다. 그리고 비교 기준(규준)을 만들기 위해 수천 명이 넘는 사람에게 해당 검사를 적용한 자료도 수집해야 합니다.

 "그렇구나. 나도 심리검사가 그냥 심리테스트의 고급판인 줄 알았는데 완전히 다르네. 그런데 철하야, 내가 궁금한 것은 왜 그렇게 비싼가 하는 거야."

 "지선아, 종합건강검진은 가격이 얼마인지 알아?"

 "글쎄, 몇십만 원 혹은 100만 원이 넘기도 한다던데……."

 "그건 안 비싸냐? 마음도 신체의 건강 못지않게 중요해. 그러니 종합심리검사가 마냥 비싸다고 할 수는 없지. 안 그래?"

 철하가 흥분하자 지선이는 좀 머쓱해집니다.

 "아니, 따지는 게 아니라 궁금해서 말이야. 종합검진은 비싼 기계로 사진도 찍고 피도 뽑고, 딱 봐도 비싸 보이는 검사를 여러 가지 하잖아. 심리검사는 혼자 모의고사 문제 풀듯 답을 적으면 심리학자가 채점해서 해석해주는 거 아니야?"

 보통 심리검사라고 하면 시험 문제를 풀듯 혼자 답을 표시하는 검사가 전부라고 생각하는 경우가 많습니다. 이런 검사는 검사지를 구입하는 게 비싸지 않고 해석하기도 단순한 편입니다. 그러나 그 외에 심리학자와 마주 앉아서 검사자인 심리학자가 질문을 던지고, 검사를 받는 수검자가 대답을 하면 그것을 검사자가 받아 적는 식으로 진행하는 검사도 있습니다. 종합심리검사에는 이런 검사가 최소 두 가지 정도 포함됩니다. 두 가지 검사를 진행하는 데 걸리는 시간은 개인마다 다르지만, 수검자가 전문가의 질문을 빠르게 이해하고 그에 대해 분명하게 표현할 수 있더라도 두 시간 정도 소요됩니다. 만약 수검자의 집중력이 떨어지거나 검사 당일 우울과 불안함이 심하다면 세 시간 이상으로 늘어나기도 합니다.

뿐만 아니라, 종합심리검사를 시작하기 전에 검사를 받고자 하는 의도와 목적을 파악하는 검사 전 면담을 실시하고, 검사 후에는 심리학자가 다양한 검사 결과에 대해 채점하고 해석한 뒤 보고서를 작성합니다. 보고서 작성이 끝나면 다시 수검자와 만나 심리검사 결과에 대한 해석 상담을 진행합니다.

"아, 비싼 이유가 있구나."

철하의 설명을 듣고 나자 지선이는 슬쩍 무안해져서 기죽은 목소리로 말합니다.

"그렇지. 일대일로 실시하는 심리검사만 해도 최소 두 시간 정도 걸리고, 검사 전후 면담도 두 번이나 해야 하지. 또 검사의 채점과 해석, 보고서 작성만으로도 두 시간 이상 걸린다고 해."

"그런데 심리검사를 실시할 때 시간이 걸리는 것은 이해되는데, 심리검사 결과를 채점하고 해석하는데 시간이 걸리는 이유는 뭐야?"

"검사 종류가 워낙 많고 다양해서 그렇지."

"그러고 보니 종합심리검사라면 여러 검사를 받는다는 말이네. 구체적으로 어떤 검사를 받는 건지 알려줘."

"잠깐만."

철하는 가방에서 노트북을 꺼내 지난 학기에 들었던 심리검사 수업의 필기 파일을 열어봅니다.

지능검사에 대한 오해와 진실

"여기 있다! 종합심리검사는 여러 검사를 포함하는데 그중에서도 세 가지 검사가 가장 중요해. 지능검사, 객관적 성격검사, 투사적 성격검사."

"뭐 지능검사? 아니 웬 지능검사? 나 중학생 때 지능검사 받았어."

"결과가 어땠는데?"

철하가 진지하게 묻습니다. 당황한 지선이의 표정을 보자 철하는 재미있다는 듯 쳐다보다가 거만한 표정으로 말합니다.

"뭐, 낮았나 보네. 내 IQ 궁금하지? 알려줄까?"

"응……, 그래 뭐. 넌 IQ가 어떻게 되는데?"

"145!"

"우와, 그럼 너 천재 아니니?"

"너도 참. 아니야."

"뭐가 아니야? IQ가 145라며?"

"나도 심리학을 공부하기 전에는 내 IQ가 145인 줄 알았어. 그런데 지난 학기에 대학원 선배한테 지능검사를 받았거든. 그런데 98이더라."

지능검사에는 여러 가지 종류가 있습니다. 초중고등학교에서 간혹 지능검사를 실시하는 경우가 있는데, 학생들에게 종이를 나눠주고 시험 문제처럼 풀게 합니다. 이런 검사는 정확도나 신뢰도 측면에서 전문가들의 인정을 받지 못합니다.

제 마음도 랜찮아질까요?

전 세계 심리학자들이 사용하는 지능검사는 데이비드 웩슬러(David Wechsler)가 만든 검사입니다. 유아용 검사는 웹시(WPPSI, Wechsler Preschool and Primary Scale of Intelligence), 아동용 검사는 위스크(WISC, Wechsler Intelligence Scale for Children), 청소년 이상 성인을 대상으로 한 검사는 웨이즈(WAIS, Wechsler Adult Intelligence Scale)라고 합니다. 현재 한국에서 사용하는 성인용 검사는 네 번째 개정판으로, 케이-웨이즈-포(K-WAIS-IV)라고 합니다. 웩슬러 지능검사는 심리학자와 일대일로 마주 앉아서 한 시간에서 한 시간 반 정도 실시합니다. 전 세계적으로 사용되는 검사로, 정확성에 있어서는 타의 추종을 불허합니다.

만약 영재나 지적 장애를 판정할 목적이라면 모를까, 일반인들을 대상으로 지능검사를 실시하는 목적은 단순히 지능지수(IQ)를 알기 위해서가 아닙니다. 한 시간 이상 지능검사를 진행하면서 심리학자는 수검자의 반응 경향성과 과제 수행 자세, 불안의 정도, 인지적인 강점과 약점까지 확인해 그 결과를 기록합니다.

철하의 설명을 들은 지선이는 신기하다는 표정으로 묻습니다.

"그렇구나. 그럼 네가 초등학교 때 받았다는 지능검사도, 내가 중학교 때 받은 지능검사도 엉터리인 거야?"

"쓸모없다고는 못 하겠지만, 신뢰할 수는 없지."

"그럼 네 정확한 지능은 145가 아니라 98이라는 거네. IQ가 두 자리면 돌고래랑 비슷하다던데. 똑똑한 척은 혼자 다 하더니 너 은근히 머리가 나쁘구나, 하하하."

지선이는 약속 시간에 늦은 것부터 시작해 심리검사의 비용이 비싸다고 말한 것 때문에 계속 철하의 타박을 받았습니다. 언제쯤 철하에게 되갚아줄까 기회를 노리던 차에, 이때다 싶어 작심하고 철하를 약 올립니다. 그런데 오히려 철하가 지선이를 기가 막히다는 듯이 쳐다봅니다.

많은 사람이 지선이처럼 지능이 두 자릿수라고 하면 머리가 나쁘다고 생각합니다. 그러나 웩슬러 지능검사를 비롯한 대부분의 지능검사는 평균을 100점, 표준편차를 15로 정하고 있습니다. 평균과 표준편차로 어림잡아보면 인류의 50퍼센트는 지능지수가 100 이상이고, 나머지 50퍼센트는 두 자릿수라는 계산이 나옵니다. 그러므로 웩슬러 지능검사 결과 지능이 두 자릿수라고 해서 부끄러워할 필요는 전혀 없습니다.

"사실 심리학자들은 지능지수의 정확한 수치에는 크게 관심 갖지 않아. 점수가 포함된 범위에 관심을 갖지."

"범위? 그건 또 무슨 말이야?"

"생각해봐. 낯선 심리학자와 일대일로 앉아서 생소한 질문에 답하고, 지금까지 해본 적 없는 과제를 해야 한다면 어떨 것 같아?"

"당연히 떨리겠지. 게다가 지능검사라면 긴장해서 평소에 잘하던 것도 실수를 많이 할 것 같아."

그렇습니다. 검사로는 평소 자신의 모습이 100퍼센트 정확하게 나오기 어렵습니다. 개인적인 이유 때문에 우울하거나 스트레스를 받은 상태라면 점수가 낮게 나올 가능성이 큽니다. 뿐만 아니라, 검사자의 전문성도 중요합니다. 철하는 아직 전문가라고 할 수 없는 대학원 선배에게 지능검사를 받은 것이라서, 검사자의 미숙함 때문에 본래 받아야 할 점수보다 높거나 낮게 채점되었을 가능성도 있습니다.

"어쨌든 내 지능은 평균 범위인 90~109점에 위치해 있다고. 잘 나오면 109점까지도 나올 수 있다는 거지."

지능지수에 대한 오해가 많습니다. 가장 대표적인 것이 지능지수는 정확하며, 어떤 검사를 받든지 서로의 결과를 비교할 수 있다는 것입니다. 그러나 심리학자들 사이에서도 지능이 무엇인지에 대한 합의가 이루어지지 않고 있습니다. 지능이라는 개념이 처음 도입된 것은 공교육에서 뒤처지는 아이들을 미리 걸러내기 위해서였습니다. 그래서 많은 지능검사가 언어, 논리-수학, 공간지각 능력을 측정합니다. 이 세 가지 능력이 공교육에서 절대적으로 필요한 능력이기 때문입니다. 하지만 이제는 인간의 다양한 지적 능력이 강조되고 있습니다.

지능이라는 개념에 대한 합의가 되어 있지 않더라도, 여전히 다양한 지능검사가 실시되고 있습니다. 이런 검사가 모두 같은 것을 측정하지 않을 뿐더러, 같은 영역을 측정하더라도 문항이 다르기 때문에 단지 점수만으로는 서로 비교할 수 없습니다. 이는 마치 토익, 토플, 텝스 등 서로 다른 공인 영어 시험을 본 후 어떤 시험의 점수인지 말하지 않고 점수 자체만을 놓고 비교하는 것이나 마찬가지입니다. 굳이 점수를 비교하고 싶다면 어떤 검사인지 먼저 확인해야 합니다.

"나도 지난 학기에 수업을 듣기 전까지는 내 지능지수가 145라고 생각하면서 자부심 갖고 살았는데, 완전히 착각이었어."

그런데 조금 전 지선이가 철하를 돌고래라고 놀렸던 것처럼 정말 동물들에게도 측정 가능한 지능이 있을까요? 동물에게도 지적 능력이 있다고 말할 수 있지만, 사람과 비교할 수 있는 점수 같은 것은 없습니다. 이는 지능검사를 실시하고 점수를 부여하기 위해 사용하는 기준이 연령에 따라 달라지기 때문입니다. 즉, 어린아이의 점수와 노인의 점수를 비교할 순 없습니다. 나라에 따라서도 기준이 달라집니다. 미국 사람과 한국 사람의 지능점수도 비교할 수 없는데, 사람과 동물을 비교한다? 이는 불가능한 이야기입니다.

"이런 중요한 사실도 모르고 지능검사를 받았는데, 만약 나도 너처럼 100점 이하의 점수를 받았다면 정말 충격이었을 거야."

"걱정 마. 전문가들이 검사를 실시하고 해석할 때, 점수의 의미도 설명해주니까. 그런데 중요한 것은 네 점수가 어떻게 나오든 지능지수를 알기 위해 종합심리검사를 받는 건 아니라는 거야."

"그래도 네 말대로 지능검사를 통해 마음의 다양한 측면까지 알 수 있다니 신기하고 기대된다. 그런데 성격을 측정하는 검사는 따로 있다고 하지 않았어?"

두 종류의 성격검사

성격을 측정하는 검사에는 객관적 성격검사와 투사적 성격검사가 있습니다. 객관적 성격검사는 객관식 문제를 푸는 방식으로 진행됩니다. 심리학자와 일대일로 검사를 진행하기 전이나 후에 심리상담센터에서 풀거나, 시간과 장소가 여의치 않다면 집에서 혼자 실시할 수도 있습니다. 이 검사는 문제를 읽고 답을 표시하는 방식입니다.

가장 많이 사용되는 객관적 성격검사는 미네소타 다면적 인성검사 (Minnesota Multiphasic Personality Inventory, MMPI)입니다. 미네소타 대학의

여기서 잠깐!

MMPI를 만든 목적은 정신장애를 진단하기 위한 것이었습니다. 그래서 결과 프로파일을 보면 검사를 처음 만든 1950년대 통용되었던 정신장애 진단명(건강염려증Hs, 우울증D, 히스테리Hy, 정신병질Pd, 신경쇠약Pt, 편집증Pa, 정신분열증/조현병Sc, 조증Ma)이 나옵니다. 검사를 만든 사람들이 기대했던 것은 만약 수검자가 정신분열증이라면, 다른 척도에서는 낮은 점수가 나오고 정신분열 척도에서만 높은 점수만 나오는 것이었죠. 그러나 그런 결과는 나타나지 않았습니다.

비록 MMPI는 제작 의도를 충족시키지는 않았지만 다른 방식으로 전문가들에게 성격과 정신장애에 대해 풍부한 정보를 주었습니다. 이를 정신장애 진단에 참고자료로 사용하기 위해서는 오랜 기간 공부와 수련을 하고 이를 반복 시행하는 경험이 필요하죠.

그런데 MMPI를 잘 모르는 일반인을 대상으로 사기를 치는 사람들이 있습니다. "정신분열증(조현병) 척도에서 높은 점수가 나왔으니 정신분열증(조현병)에 걸렸다"는 식입니다. 그러면서 자신이 치료해줄 테니 몇백만 원을 일시금으로 내라고 말하죠. 정말 말도 안 되는 해석이지만, MMPI에 대해 잘 모르는 사람들은 곧잘 속기도 합니다. 기억하세요. MMPI만 가지고 정신장애를 진단한다면 그 사람은 사기꾼입니다. 그리고 치료를 위해서 몇백만 원을 일시금으로 내라고 하는 것도 정상적인 심리치료 방식은 아닙니다.

심리학자가 성격의 다양한 측면을 평가하기 위해 만들어서 붙여진 이름입니다. 본래 정신장애 진단을 목적으로 만든 검사였는데, 정신장애를 진단하는 데 별 도움이 되지 않고, 대신 성격적인 측면을 파악하는 데 유용하다는 사실이 밝혀지면서 이후 계속 다른 용도로 사용되고 있습니다.

현재 사용되고 있는 검사는 개정판으로, MMPI-2라고 하는데요, 총 567개 문항으로 구성되며, 각 문항에 대해 '그렇다/아니다'로 답해야 합니다. 1분에 10개 문항을 푼다면 대략 56분 정도 걸립니다.

'그렇다/아니다'로만 답해야 한다는 것에 부담을 느끼는 사람도 있습니다. 확실하게 마음을 정할 수 없는 문항도 있기 마련입니다. 이럴 때 조금이라도 어느 쪽에 가까운지 생각해보고 답을 표시하면 됩니다. 만약 둘 중 하나를 선택하지 못해 답을 표시하지 않는 문항이 많아진다면 검사 결과를 제대로 산출할 수 없습니다.

"나도 둘 중 하나를 선택하기는 어려울 것 같아. 지능검사는 웩슬러 검사가 대표적이듯, 객관적 성격검사는 MMPI가 대표적인 거야? 혹시 다른 검사는 없니? 둘 중 하나를 선택하는 것은 너무 어려워."

거의 대부분의 심리학자들이 지능검사로 웩슬러 검사를 사용하지만, 객관적 성격검사는 MMPI 말고 PAI를 사용하는 곳도 있습니다. PAI 검사는 성격평가 질문지(Personality Assessment Inventory)로, MMPI와 비슷한 목적을 가진 검사입니다.

"PAI 검사는 '전혀 그렇지 않다/약간 그렇다/중간 정도이다/매우 그렇다'는 식으로 답할 수 있다고 하더라."

"나같이 우유부단한 사람에게는 그게 좋을 것 같네. 그럼 종합심리검사를 받으러 가서 '저는 MMPI 말고 PAI를 하겠습니다'라고 하면 될까?"

"심리상담센터에 따라 선택 가능할 수도 있지만, 보통은 센터에서 선호하는 검사가 있어. 그런데 대부분 MMPI라고 하던걸."

최근 객관적 성격검사로 PAI를 사용하는 곳이 늘어나는 추세이지만, 여전히 MMPI를 사용하는 곳이 많습니다. PAI는 1991년에 만들어졌고, MMPI는 1940년대에 만들어졌기 때문에 MMPI를 활용한 연구 결과나 사례가 압도적으로 많아서 전문가들의 선호도가 높기 때문입니다.

"아쉽다. 하지만 어쩔 수 없지. 그리고 또 무슨 성격검사가 있다고 했지?"

"응. 투사적 성격검사야."

"투사? 난 싸우는 건 싫은데……."

"무슨 뚱딴지 같은 소리야."

"사람의 투쟁적 기질을 파악하는 성격검사 아니니?"

"와, 정말 대단한 상상력이다. 여기서 말하는 투사는 자신의 생각과 감정을 던진다는 뜻이야. 영어로 '프로젝티브(projective)'라고 해."

순간 지선이의 얼굴이 빨개집니다. 그 모습을 본 철하가 깔깔거리며 웃습니다.

"야, 그만 웃어. 네가 그렇게 크게 웃으니까 저기 있는 사람들이 다 쳐다보잖아."

"미안. 너무 웃겨서. 솔직히 말하면 나도 너처럼 생각했던 적이 있거든."

객관적 성격검사가 혼자서 문항을 읽고 답을 표시하는 방식이라면, 투사적 성격검사는 검사자가 제시하는 그림 자극판을 보면서 어떻게 보이는지 자신의 생각과 느낌을 말하는 방식입니다. 빔 프로젝터가 화면에 영상을 투사하듯, 수검자가 그림 자극에 자신의 생각과 느낌을 투사하는 방식이지요.

"그림 자극? 어떤 그림을 보여주는데? 왠지 그림이라고 하니까 잘할 수 있을 것 같아."

"지선아, 학교 시험도 아닌데 왜 잘해야 한다고 생각해? 심리검사는 잘하고 못하는 것이 없어."

"그냥 그렇다고."

머쓱해하는 지선이에게 철하는 그림 자극이 무엇인지 설명합니다.

"투사적 성격검사로는 로르샤흐 잉크반점 검사랑 TAT(Thematic Apperception Test)라고 하는 주제통각검사가 있어."

로르샤흐 잉크반점 검사는 스위스의 정신과 의사인 헤르만 로르샤흐(Herman Rorschach)가 만든 검사인데, 데칼코마니 기법으로 만든 잉크반점을 환자들이 증상에 따라 달리 보는 것에 착안해 만들었습니다. 로르샤흐 잉크반점 검사는 총 10장의 그림카드로 구성되어 있습니다. 어떤 형태를 염두에 두고 만든 그림이 아니라 언뜻 보면 의미 없는 자극으로 보입니다. 그러나 잉크 반점을 자세히 보고 있으면 의미 있는 형

제 마음도 괜찮아질까요?

태나 느낌, 이미지가 떠오릅니다. 마치 하늘의 구름을 보고 사람의 얼굴이나 동물 모양을 찾는 것과 비슷하죠.

로르샤흐 잉크반점 검사에서 보여주는 그림이 모호한 자극이라면 TAT는 분명한 자극입니다. 어떤 배경에 사람들, 건물, 물건이 등장합니다. 총 31장의 그림 중에서 20장을 보게 되는데 그중 10장은 모든 수검자에게 보여주는 것이고 나머지 10장은 성별과 연령에 따라 다르게 선택되는 것입니다. 일련의 그림을 보면서 검사자는 수검자에게 이야기를 만들어보라고 요청합니다. 연상되는 것들을 조합해서 이야기를 만들면, 자신의 마음속에 있는 주된 관심사나 삶의 동기 같은 것들이 드러납니다.

"예전에 TV에서 연예인들이 이런 검사를 받는 걸 본 적 있어."

"맞아. 그때 교수님이 굉장히 큰 문제라고 하셨어. 학회 차원에서 문제 제기도 했대."

방송을 통해 미리 투사적 성격검사의 내용이 노출되면 일반 시청자들에게 그림 자극에 대한 인상이 강렬하게 남을 수 있기 때문에, 추후 직접 검사를 받을 때 정확한 결과가 나오기 힘듭니다.

지금까지 설명한 지능검사, 객관적 성격검사, 투사적 성격검사는 종합심리검사에서 가장 중요한 검사입니다. 어느 곳에서 검사를 받더라도 이 세 가지는 빠지지 않습니다. 다른 검사들도 있지만 그 중요성은 이 셋보다 덜합니다. 다른 검사들도 소개해달라는 지선이의 말에 철하는 고개를 절레절레 흔듭니다.

"심리상담센터에 직접 물어봐서 정보를 얻는 게 더 정확할 거야. 어쨌든 종합심리검사를 받으면서 네가 좋은 결정을 했으면 좋겠어. 난 이제 부모님 공장에 가봐야겠다."

"고마워, 철하야. 종합심리검사를 받으면서 사람의 마음이 어떤 과정을 통해 드러나는지 경험해볼게. 그리고 미술 치료에 대해서도 물어보고 싶어."

"그거 좋은 생각이다."

"그런데 심리검사를 진행하는 상담자는 여자 분이겠지?"

"전문 상담자 중에는 여성의 비율이 높으니까……. 그래도 혹시 모르니 심리검사를 신청할 때 한번 물어봐."

"그래야겠다. 고마워!"

지선이는 철하와 절친이지만, 실은 남자를 대하는 것이 조금 어렵습니다. 중학교 때 같은 반 남자아이들로부터 괴롭힘을 당한 경험이 있기 때문입니다. 그래서 대학에 입학할 때까지 남자친구들과 어울리기 힘들었지만, 동아리에서 친해진 은주가 철하와 친하게 지내는 바람에 철하와도 자연스레 친해졌습니다. 철하의 밝은 성격이 남자에 대한 두려움을 극복할 수 있게 도와주긴 했지만, 여전히 다른 남자들을 보면 두렵기만 합니다.

수많은 무료 심리테스트를 마주칠 수 있는 세상이지만

실제로 심리검사를 받아본 사람은 많지 않다.

그래서 심리검사를 처음 접하고 놀라는 사람들도 많고

심리검사에 대한 오해와 불신도 많다.

심리검사는 환자, 내담자의 상태에 대한
정확한 이해를 위해 사용한다.

물론 심리검사가 언제나 필수적인 건 아니지만

정확한 개입을 위해서는 심리검사를 받아보는 것이 좋고,

((감기인지, 독감인지, 폐렴인지
모르는데
그냥 감기약 주고 버티라고 하면
어찌될까?))

- 어느 임상심리전문가 수련생

이후 개인의 상태에 맞는 치료 전략을 세우는 데도 도움이 된다.

몸의 상태를 알아야
운동 전략을 짜기 좋듯
마음의 상태를 알아야
치료, 상담 전략을
세우기 좋아요

회원님은
근력 운동을 집중적으로
해야겠네요 ^^

문제는 이런 설명 없이 심리검사를 권하는 곳이 적지 않고,

심리검사 비용은
XX 원입니다

아직 돈과
마음의 준비가...!

과학적 근거에 기반하지 않고 심리검사를 선택하는 곳들도 있고

평가자와 치료자가 다를 때도 있으며,

수검자의 기대와

현실 사이에 괴리가 존재하다 보니

수검자로선 혼란스러울 수 있다.

심리치료가 내담자와 치료자 간의 만남이라면

심리검사는 나의 마음을 전달해주는 도구가 될 수 있다.

부디 그 만남의 시작에 불필요한 오해가 없기를.

덧, 심리검사 받으실 때 참고하세요 !

✓ 심리검사를 왜 하는지
  충분히 물어봐도 괜찮아요

✓ 검사 결과에 대해
  들을 권리가 있어요

✓ 검사결과 보고서를
  요청할 수 있어요 !

✓ 심리 검사 받을 때는
  최선을 다하는 게 좋아요

✓ 수검자가 답을 모르더라도
  옆에서 답
  말하지 마세요 ㅠㅠㅋㅋ

✓ 검사도구를 사진 찍어
  공유하지 않아요 !

✓ 평가자의 전문가 자격증을 토민합시다

종합심리검사 신청하기

철하는 ○○심리상담센터 연락처를 건네주며 전화를 걸어보라고 말했지만, 지선이는 전화를 걸기 전에 먼저 홈페이지부터 찾아보기로 합니다. 오늘은 오후에 출근하는 날이라 조금 여유 있게 종합심리검사를 신청할 수 있겠다는 생각이 듭니다.

검색엔진 창에 ○○심리상담센터라고 입력하자, 곧바로 여러 심리상담센터 홈페이지 주소들이 나옵니다. 이름이 비슷한 곳도 많고, 아동청소년상담, 놀이 치료, 미술 치료, 음악 치료를 전문으로 하는 심리상담센터도 눈에 띕니다. 심지어 철학관이나 타로카드 전문점도 보입니다. 심리상담에 관한 기사나 개인 블로그의 글을 포함해 유료광고까지 너무나 다양한 정보가 쏟아져 나옵니다.

'정말 심리상담센터가 많긴 하네. 그나저나 은주도 심리상담센터에서 안내를 받았다던데, 지금 심리상담을 잘 받고 있나?'

여러 생각이 꼬리에 꼬리를 뭅니다. 검색 결과에 나온 링크를 이것저것 클릭해보면서 시간을 보냅니다.

어제 집에는 잘 들어갔어? 종합심리검사는 신청했고?

그때 휴대폰 신호음이 울립니다. 철하의 문자를 확인한 지선이는 자신이 ○○심리상담센터 홈페이지를 찾기 위해 검색을 시작했다는 사실이 기억났습니다. 그래서 얼른 ○○심리상담센터 홈페이지를 찾아보기 시작합니다. 홈페이지가 열리는 순간, 지선이는 조금 실망감이 듭니다. 철하가 입이 마르게 추천했고, 은주 역시 좋은 인상을 받았다고 해서 잔뜩 기대했기 때문입니다. 요즘에는 웬만한 기업은 물론 동네 학원들도 홈페이지를 예쁘고 보기 좋게 꾸며놓는데, 이 심리상담센터 홈페이지는 그렇지 않습니다. 만약 친구가 소개해준 곳이 아니라면 홈페이지의 첫 느낌만 보고 인터넷 창을 닫아버렸을지도 모르겠다는 생각이 듭니다. 하지만 친구에게 소개받은 곳이니 조금 더 찬찬히 둘러보자고 마음먹습니다.

보통 이런 홈페이지는 관리되지 않고 방치된 경우가 태반입니다. 누가 질문을 올려도 답변조차 없고, 정보도 몇 년 전 것으로 부실하기 짝이 없죠. 지선이는 이 홈페이지도 별반 다르지 않을까 봐 걱정했지만, 홈페이지의 메뉴를 하나씩 클릭해보니 예상과 달랐습니다. 홈페이지 디자인만 조금 촌스러운 느낌이지 관리가 잘 되어 있습니다. 사람들이 올린 질문에 답변도 잘 달려 있고, 심리상담센터 대표의 활동이나 그곳에서 일하는 다른 상담자들의 소개도 꽤 자세히 되어 있습니다. 최근 정보가 업데이트되어 있는 것은 물론, 심리상담센터에서 일하는 사람들의 학력과 자격증도 상세히 나와 있습니다. 믿을 만한 곳이라는 느낌이 들어서 일단 마음이 놓입니다. 인테리어가 화려하지 않지만 음식 맛 하나는 끝내주는 동네 맛집을 찾은 느낌 같다고나 할까요? 무엇보다 센터장을 제외하면 남자가 없다는 점도 다행이라고 생각합니다.

제 마음도 괜찮아질까요?

홈페이지의 각 메뉴에는 접수면담 안내, 개인상담, 집단상담을 비롯해 다양한 종류의 심리상담과 종합심리검사에 대한 안내가 나와 있습니다. 지선이는 종합심리검사에 대한 페이지를 유심히 살펴봅니다.

종합심리검사가 무엇인지, 어떤 사람에게 필요한지, 또 어떤 검사들로 구성되어 있는지 잘 설명되어 있습니다. 종합심리검사에 포함된 각 검사들의 종류와 간단한 소개글도 있는데, 어제 오후 철하에게 들은 웩슬러 지능검사, MMPI, 로르샤흐 잉크반점 검사가 모두 포함되어 있습니다. TCI, SCT, BGT, HTP 등 처음 보는 검사의 이름들도 눈에 띕니다. 종합심리검사 전에 면담을 실시하고, 검사를 진행한 후 채점과 보고서

여기서 잠깐!

• 종합심리검사의 필수 검사
  1) K-WAIS-IV : 지능검사
  2) MMPI-2 & PAI : 객관적 성격 검사
  3) 로르샤흐 잉크반점 검사 & TAT : 투사적 성격 검사

• 그 외의 검사
  1) TCI(Temperament and Character Inventory, 기질 및 성격 검사) : 4가지 기질과 3가지 성격 특성을 확인
  2) BGT(Bender-Gestalt Test, 벤더-게슈탈트 검사) : 9개의 기하학적 도형을 보고 따라 그림
  3) SCT(Sentence Completion Test, 문장 완성 검사) : 50개의 미완성 문장을 완성
  4) HTP(House-Tree-Person, 집-나무-사람 그림 검사) : 집과 나무, 남자와 여자를 그림

이 외에도 심리상담센터에 따라 검사가 추가될 수도 있고, 유사한 다른 검사로 대체될 수도 있습니다.

작성이 끝나는 대략 1~2주 후에 해석상담이 진행된다는 안내도 있습니다.

철하가 이야기해준 것을 생각하면서 지선이는 철하가 고맙게 느껴집니다. 철하에게 종합심리검사에 대해 간단하게나마 안내를 받았기에 거부감이 없었지, 만약 그렇지 않았다면 모든 것이 낯설고 어려워서 심리검사 받는 것을 포기했을지도 모른다는 생각이 듭니다.

종합심리검사 금액까지 확인했습니다. 철하가 이야기한 금액과 비슷합니다. 만약 아무런 정보도 없었다면 너무 비쌌다고 생각했겠지만, 마음의 종합검진이라 생각하니 그만한 가치가 있다고 느껴집니다. 게다가 지선이는 미술 치료 대학원 진학을 염두에 두고 있으니, 후회하지 않을 결정을 하기 위해 이 정도 투자하는 것은 괜찮을 것 같습니다.

지선이는 결심을 굳히고, 곧바로 전화해보기로 합니다.

"안녕하세요? ○○심리상담센터입니다."

"네, 안녕하세요. 종합심리검사를 받고 싶어서 전화했어요."

심리상담센터 직원은 종합심리검사를 받으려는 이유가 무엇인지, 종합심리검사에 대해 어느 정도 알고 있는지 물어보고, 소요되는 시간과 절차, 그리고 비용에 대해 친절하게 안내해줍니다.

"심리검사를 실시하는데 대략 3~4시간 정도 걸리니까, 참고하셔서 검사 가능한 날짜를 말씀해주세요. 검사 전 면담을 실시해야 하기 때문입니다."

"저는 시간 조정이 가능해요. 좀 빨리 받고 싶은데요, 가장 빠른 시간

제 마음도 괜찮아질까요?

은 언제일까요?"

직원은 검사를 진행하는 선생님의 스케줄을 확인해볼 테니 기다려 달라고 하더니, 잠시 후 다음 주 월요일 오후 시간이 가장 빠르게 잡을 수 있는 예약 시간이라고 합니다.

"아, 아쉽네요. 이번 주는 불가능한가 보죠?"

"네, 개인상담과 달리 종합심리검사는 시간이 많이 소요돼서 일정 잡기가 까다로운 편이에요. 그럼 다음 주 월요일로 스케줄을 잡을까요?"

"그렇게 해주세요. 제 이름은 홍지선입니다."

직원은 종합심리검사 중에 혼자서 문항을 읽고 답을 표시하는 자기보고식 검사가 있다면서, 검사를 실시하는 날 센터에서 실시할지, 미리 받아가거나 검사 당일 받아가서 집에서 할지 물어봅니다.

"혼자서 실시하는 검사는 어떤 종류죠?"

"MMPI-2와 TCI, 그리고 SCT 세 가지예요. MMPI-2는 567개 문항이고, TCI는 140개 문항이에요. 두 검사는 객관식 시험 문제를 풀 듯 문항을 읽고 선택지 중 하나를 선택하시면 됩니다. 그리고 SCT는 앞부분만 있는 50개 문장의 뒷부분을 완성해주시면 돼요. 세 검사 모두 실시하는 데 대략 두 시간 정도 걸리실 거예요."

검사 전 면담 한 시간, 전문가와 마주 앉아서 실시하는 검사에 두 시간 정도 소요된다고 생각하면 최소 세 시간인데, 심리상담센터에 앉아서 두 시간 정도 추가로 검사를 받아야 한다고 생각하니 조금 부담스럽습니다. 그렇게 하려면 미술 학원 근무 시간을 조정해야 할 것 같습니다.

"그럼 그날 하지 않고 미리 해 가려면 어떻게 해야 하나요?"

"검사를 실시하기 전 심리상담센터에 방문해 검사지를 받아 가셔서 실시하고, 검사 당일에 검사지를 가지고 오시면 돼요. 직접 방문하기 어려우면 우편으로 보내드리기도 합니다."

지선이는 빨리 검사를 받고 싶은 마음에 우편으로 보내달라고 요청합니다. 심리상담센터에 미리 가보고 싶은 마음도 있지만, 미술 학원 때문에 여의치 않을 것 같습니다. 직원은 검사를 실시하기 전에 MMPI-2와 TCI 검사지 첫 장에 나오는 실시 방법을 꼭 먼저 읽어보라는 말도 빼놓지 않습니다.

MMPI-2나 TCI 검사를 하다 보면 비슷한 문항이 반복되는 경우가 있습니다. 이때 수검자들은 앞의 응답과 뒤의 응답을 다르게 쓰면 자신이 거짓말이나 속임수를 쓴다는 결과가 나올까 봐 걱정하는 경우가 종종 있습니다. 그래서 비슷한 문항이 나올 때마다 앞 문항의 답변을 확인하는데, 굳이 그럴 필요는 없습니다. 검사 문항은 사람들이 일반적으로 범할 수 있는 응답의 차이를 고려해서 제작되기 때문입니다. 따라서 편하게 읽고 생각나는 대로 응답하면 됩니다.

"세 종류의 검사를 실시하신 후 작성하신 결과지를 다음 주 월요일 심리상담센터에 방문해 검사를 진행할 선생님에게 직접 드리면 됩니다."

지선이는 전화를 끊고 바로 온라인으로 결제를 합니다. 사실 TCI 검사에 대해선 처음 들어봐서 무엇인지 궁금했지만, 전화 통화를 너무 길

제 마음도 괜찮아질까요?

게 하면 직원을 방해하는 것 같아서 좀 더 기다려보기로 합니다. 이제 곧 검사지가 도착할 것이고, 다음 주 월요일이면 난생 처음 종합심리검사를 받으러 간다는 생각을 하니 무척 설렙니다.

드디어 월요일 오후, 지선이는 집에서 여유 있게 출발했습니다. 지하철 역으로 걸어가면서 몇 번이나 가방을 열어봅니다. 미리 우편으로 받아서 혼자 실시한 MMPI-2와 TCI, SCT 검사지가 가방 안에 잘 있는지 확인해보기 위해섭니다.

지선이는 평소에도 불안감이 큰 편이라 무엇을 하든 몇 번이고 확인하는 버릇이 있습니다. 이 때문에 미술 학원 원장 선생님은 일을 꼼꼼하게 한다고 지선이를 좋아하지만, 동료들에게는 종종 미움을 받기도 합니다. 이렇게 꼼꼼한 사람이 옆에 있으면 자신들의 허술함이 더 크게 드러나게 마련이니까요.

대학원에 진학할지 결정하기 위해 종합심리검사까지 받는 것을 두고 어머니나 친구들은 이해할 수 없다고 했지만, 지선이는 자신의 진로에 대해 실수하지 않으려는 생각에 종합심리검사가 아니라 도움이 된다면 종합건강검진이라도 받을 태세입니다. 게다가 자신의 마음 상태를 확인할 수 있다는 생각을 하면 돈과 시간이 아깝지 않습니다.

지하철역에 도착하자마자 지선이는 휴대폰을 집에 놔두고 왔다는 사실을 깨닫고 깜짝 놀랐습니다. 지선이는 집으로 한 걸음에 내달려 휴대폰을 가져왔습니다. 시간을 보니 심리상담센터 빠듯하게 도착할 것 같아 걱정이 되기 시작합니다.

'혹시 약속 시간에 늦었다고 검사 일정이 취소되는 건 아니겠지? 날 평소에도 게으른 사람이라고 생각하면 어떡하지? 아이고, 난 왜 휴대폰을 두고 와서 이 난리냐. 아, 정말 내가 싫다.'

벌써 약속 시간 5분 전인 것을 확인한 지선이의 마음은 불안과 조바심으로 가득합니다. 그렇게 헐레벌떡 뛰어서 가까스로 심리상담센터에 도착했습니다. 문을 열고 들어가서 안내데스크 직원에게 이름을 말하니, 익숙한 목소리의 직원이 대기실에서 기다려달라고 합니다.

'저분이 나랑 통화한 분인가 보네. 다행히 검사가 취소되지는 않았나 봐. 그나저나 이런 마음으로 검사를 제대로 받을 수 있을까?'

대기실 의자에 앉아서 숨을 돌리고 있는데, 어떤 남자가 다가옵니다.

"홍지선 씨 되시나요?"

"네."

"오늘 검사를 진행할 임상심리전문가 조화수라고 합니다. 제가 안내해드릴게요. 이쪽으로 오시죠."

지선이는 순간 당황합니다. 오늘 검사를 진행할 사람이 남자일 거라고는 생각하지 못했거든요. 홈페이지에서 근무하는 상담자들을 확인했을 때는 분명히 센터장을 제외하면 모두 여자였으니까요. 그래서 당연히 지선이는 여자 선생님이 자신의 검사를 진행할 것이라고 생각하여 따로 검사자를 지정하지 않았습니다. 당황한 지선이는 임상심리전문가라는 사람을 따라 심리상담센터 안쪽 방으로 들어갑니다.

"이쪽에 앉으시죠. 이 방은 주로 심리검사를 진행하는 곳이지만, 보시다시피 공간이 여유 있어서 개인상담은 물론 부부상담을 진행하기도 합니다."

전문가는 지선이가 묻지도 않은 이야기를 합니다. 지선이의 긴장을 풀어주려는 의도처럼 보이지만, 지선이는 모든 것이 낯섭니다. 약속 시간에 늦을까 봐 뛰어와서 그런지 심장이 아직도 두근두근 떨립니다. 마주 앉은 전문가는 지선이의 긴장한 얼굴을 보더니 조심스럽게 묻습니다.

"지선 씨, 지금 마음이 어떠세요? 표정이 안 좋아 보여요."

"음, 이런 말씀 드리면 실례가 될 것 같은데……."

"심리상담센터는 보통 실례가 될 것 같아서 삼키는 말도 얼마든지 편하게 할 수 있는 곳입니다. 또 오늘은 저와 한 팀이 되어서 심리검사를 진행하셔야 하니, 조금이라도 불편한 마음이 드시면 바로 말씀해주세요."

지선이는 그 말을 듣고 용기 내 검사자가 남자 선생님이라 불편하다고 이야기합니다. 심리상담이든 심리검사든 우리의 마음을 솔직하고 편하게 드러내는 데 있어서 상대방의 성별이 중요할 수도 있습니다. 어떤 사람은 동성을 선호하는 반면, 동성보다는 이성을 선호하는 사람도 있습니다. 그래서 처음 심리상담이나 심리검사를 신청할 때, 이런 부분을 명확하게 이야기하는 것이 좋습니다. 만약 신청할 당시 요청하지 않았거나 요청했는데도 기관에서 그 요청을 제대로 들어주지 않아서 불편한 상황이 되었다면, 이 부분에 대해 전문가에게 솔직하게 말할 필요가 있습니다. 불편함을 인정하고 용기 있게 표현하다 보면 그 마음이

제 마음도 괜찮아질까요?

편안함으로 바뀌게 됩니다. 지선이의 이야기를 듣고 있던 전문가가 조심스럽게 이야기합니다.

"그러셨군요. 제가 지난 주말부터 이 심리상담센터에서 일하게 되어서 홈페이지에 정보가 아직 안 올라간 것 같아요. 어쩌죠? 많이 불편하시다면 여자 선생님과 일정을 다시 잡으실 수도 있어요."

어찌 보면 거절의 의미처럼 들릴 수 있는 지선이의 이야기에 임상심리전문가는 당황하거나 화를 내기는커녕, 되레 미안한 표정을 짓습니다. 순간 지선이의 마음에서 희한한 일이 일어납니다. 자신의 친구 중에서 유일한 남자인 철하와 대화할 때 경험했던 편안한 마음이 느껴지는 겁니다!

"선생님, 괜찮을 것 같아요."

"네? 괜찮다고요?"

"제가 중학교 이후로 남자를 보면 마음이 불편하고, 그래서 직장을 잡을 때도 남자 직원이 없는 곳을 선택했거든요. 친구 중에도 남자는 딱 한 명밖에 없어요. 그래서 처음에는 당황스러웠는데, 이런 마음을 솔직하게 이야기하니까 이상하게 마음이 진정되네요. 그냥 선생님께 검사 받을래요."

심리상담과 마찬가지로 심리검사 역시 검사자와 수검자 사이의 신뢰가 중요합니다. 일대일로 진행하는 심리검사는 기계적으로 묻고 대답하는 것이 아니라, 수검자가 자신의 마음 상태에 대해 가능한 한 솔직하게 표현해야만 정확한 결과가 나올 수 있습니다. 그런데 검사자에 대한 신뢰가 없다면 솔직하기 어렵겠죠.

이렇게 지선이의 심리검사가 시작됩니다. 먼저 전문가는 지선이의 기본적인 인적 사항과 가족, 그리고 현재 하는 일 등에 대해 묻습니다. 그리고 종합심리검사에 대해 어떻게 알게 되었는지, 어떤 이유로 종합심리검사를 받으려고 하는지 물어봅니다. 지선이는 미술 치료 대학원에 진학할지 결정하기 위해서라고 대답합니다. 검사의 목적을 알아야 결과를 해석하는 데 도움이 되기 때문에 전문가는 이 부분에 대해 상세하게 몇 가지 질문을 더 합니다.

검사 목적에 대한 이야기가 어느 정도 마무리되었을 때, 전문가는 남자를 어려워하게 된 이유나 계기가 있는지 조심스럽게 질문합니다. 지선이는 중학생 시절 괴롭힘 당한 경험을 이야기하면서 눈물을 흘립니다. 그러면서 스스로도 깜짝 놀랍니다. 이제는 괜찮아진 줄 알았는데, 다시 그때의 감정이 생생하게 되살아났기 때문입니다. 선생님은 지선이의 감정에 공감하며 위로의 말을 해줍니다.

이야기가 마무리된 뒤 전문가는 종합심리검사에 대해 안내해줍니다. 어떤 절차로 진행되며, 어떤 검사를 받게 되는지, 그리고 채점과 보고서 작성 이후에 다시 해석상담을 진행하게 된다는 이야기도 해줍니다.

"그럼 검사를 실시하기 전에 혹시 더 궁금한 점 있으세요?"

"선생님, 아까 소개하실 때 임상……, 뭐라고 하셨죠? 임상병리, 맞나요?"

"임상심리전문가입니다. 보통 임상병리와 많이 혼동하죠."

"그렇군요. 그런데 제가 잘 몰라서 하는 말인데 임상심리전문가가 뭐 하는 직업인지 여쭤봐도 될까요?"

심리검사나 심리상담을 받을 때 궁금한 것이 있다면 무엇이든 물어봐야 합니다. 상담자의 자격증이나 학력을 비롯해 그 무엇이든 말입니다. 인터넷 검색을 통해 알 수 있는 정보도 있지만, 충분하지 않다면 주

여기서 잠깐!

임상심리학과 상담심리학의 차이가 무엇인지 모르겠다고 하는 경우도 많습니다. 그도 그럴 것이 그 시작은 달랐지만, 현 시점에서는 두 분야의 사람들이 하는 일이 상당 부분 중복되기 때문입니다.

상담심리학의 기본이 되는 상담은 학문이 아닌 일상적인 활동으로 시작되었습니다. 상담을 체계화한 사람이 심리학자였기 때문에, 심리학과 인연을 맺게 되었죠. 그러나 과학을 지향하는 심리학과 현장에서 태어난 상담은 잘 맞지 않는 부분이 있었지만, 심리학 내에서 상담을 전공한 사람들이 연구를 강조하면서 심리학의 한 분야로 자리 잡았습니다.

반면 임상심리학은 처음부터 심리학자들이 심리학 내에서 시작한 분야입니다. 자연스럽게 처음부터 보다 객관적 방법으로 사람의 마음을 측정(평가)하고, 자료를 수집해 연구하는 경향이 있습니다. 사람의 마음을 측정하다 보면 개입(치료)의 방향도 알 수 있기 때문에 자연스럽게 심리치료나 상담을 시작하게 된 것입니다.

어떤 사람들은 임상심리학자는 병원에서 심각한 정신장애를 가진 사람들을 대상으로 평가를 담당하고, 상담심리학자들은 심리상담센터에서 일반인을 대상으로 심리상담을 한다고 생각합니다. 1990년대 초반만 하더라도 이런 구분은 크게 틀리지 않았습니다. 그러나 임상심리학자들이 병원에서 나와 개업하거나 기업에 들어가서 심리상담을 하고, 상담심리학자들 역시 정신과에서 약물 치료를 받는 사람들을 대상으로 심리검사와 심리상담을 하게 되면서 이런 구분은 의미가 없어졌습니다.

현재 두 분야는 아주 긴밀하게 협력하면서 발전하고 있습니다. 중복되는 영역도 많고요. 특히 예전에 비해 상담심리 분야에서도 심리검사를 강조하면서, 더 이상 두 분야의 전문가를 활동 영역으로 구분하는 것은 큰 의미가 없어졌습니다. 확실한 것은 두 분야의 전문가 모두 사람들의 마음건강을 도울 수 있는 사람들이라는 것이죠.

어진 시간 내 얼마든지 질문할 수 있습니다. 이는 심리적 서비스에서 가장 중요하다고 할 수 있는 서비스 제공자에 대한 신뢰와 연결되기 때문입니다.

"면담 시간이 거의 다 됐으니 우선 간단하게 말씀드릴게요. 설명을 들으신 후에도 궁금하신 게 남아 있으면 자세한 정보를 확인할 수 있는 사이트를 알려드릴게요."

임상심리학은 심리학의 꽃이라고 할 정도로 대표적인 응용심리학 분야입니다. 사람의 마음과 행동에 대한 심리학자들의 연구 결과를 임상 현장에서 응용하는 분야인데요, 그 시작은 학업 부진으로 어려움을 겪는 청소년들을 도와주는 것이었습니다. 일종의 학습 클리닉이 임상심리학(clinical psychology)의 시작이었던 셈이지요. 그 이후 다양한 검사를 통해 사람들의 심리 상태를 확인하는 심리평가, 문제의 원인을 찾아서 개입하는 심리치료, 이런 과정에서 얻게 된 자료를 가지고 다시 연구하는 전문 분야로 발전했습니다. 즉, 임상심리학자의 주된 역할은 심리평가, 심리치료, 연구입니다.

지선이는 설명을 듣고 마음이 편안해집니다. 임상심리전문가에 대해 어느 정도 알게 되었기 때문이기도 하지만, 더 큰 이유는 자신의 질문이 당황스럽고 불편할 수도 있을 텐데 친절하게 설명해주는 모습에 신뢰가 갔기 때문입니다.

"감사해요. 선생님. 이제 심리검사를 시작하는 거죠?"

"그럼, 시작해볼까요?"

제 마음도 괜찮아질까요?

마음을 살피는 다양한 검사

"심리상담센터에서 세 종류의 검사지를 미리 보내드린 것으로 알고 있는데 가져오셨나요?"

"네, 가져왔어요."

지선이가 가방에서 MMPI-2와 TCI, SCT 결과지를 꺼내어 건네주자, 전문가는 이를 유심히 살펴봅니다. 지선이는 자신이 뭔가 잘못한 것은 아닌지 걱정됩니다.

"제가 뭘 잘못했나요?"

"빠진 문항이 있는지 살펴보는 겁니다. 어떤 분은 자신의 마음을 잘 모르겠다면서 애매한 문제들은 응답하지 않고 넘어가기도 하거든요. 그런데 지선 씨는 응답하지 않은 문항이 없는 것 같네요."

지선이는 안도하면서 철하에게 다시 한 번 고마운 마음이 듭니다. 평소 불안해하는 성향이 강한 데다 우유부단한 면이 있어서 철하가 미리 설명해주지 않았다면, 아마 '그렇다/아니다'로 대답해야 하는 많은 문항에 답하지 않았을지도 모릅니다. 전문가의 검토가 끝나고 본격적으로 심리검사가 시작됩니다.

검사는 총 네 가지입니다. 도형이 그려진 그림 카드를 보여주고 따라 그리는 BGT부터 시작합니다. 미술 전공인 지선이에게는 다소 시시하게 느껴집니다. 집에서 혼자 MMPI-2, TCI, SCT를 할 때는 혹시 자신도 모르는 자신의 마음을 들킬까 봐 조마조마했는데, BGT는 초등학생도 할 수 있을 것 같을 정도로 쉽습니다.

"선생님, 이런 것도 심리검사 맞나요? 생각보다 좀 시시하네요."

긴장이 풀어진 지선이의 얼굴에 웃음기가 돕니다. 전문가는 지선이의 말에 미소로 화답합니다.

그다음은 지능검사를 실시합니다. 커다란 검은색 서류가방에서 여러가지 검사 도구가 나옵니다.

"이제부터 몇 가지 문제를 풀 텐데, 어려운 문제도 있고 쉬운 문제도 있을 거예요. 잘 듣고 최선을 다해 풀어주시면 됩니다."

전문가는 단어나 속담의 뜻을 말해보라고도 하고, 두 단어를 불러준다음 공통점을 말해보라고도 합니다. 그리고 평소에 잘 생각하지 않았던 다양한 주제에 대한 생각을 묻기도 합니다. 암산으로 풀어야 하는 수학 문제도 있습니다. 불러주는 숫자를 암기하거나, 주어진 나무토막을 가지고 어떤 모양을 만들어보라고도 하고, 퍼즐을 맞추기 위해 필요한 모양을 고르라고도 합니다. 그림에서 빠진 부분을 찾거나 같은 모양의 도형을 고르라고도 하고, 직접 연필을 들고 숫자를 도형으로 바꿔써야 하는 문제도 있습니다. 정말 다양하고도 흥미로운 시간입니다.

지선이는 긴장되기도 하지만 재미있다고 느껴집니다. 지능검사라고 해서 중학교 때 실시한 검사와 크게 다르지 않을 것으로 예상했는데, 전혀 다릅니다. 생각하지도 못했던 방법으로 지능을 비롯한 우리 마음의 여러 면을 알 수 있다니, 그저 신기할 따름입니다.

지선이는 심리학자와 일대일로 진행하는 심리검사가 무척 딱딱하고 힘들 거라고 생각했는데, 실제로 받아보니 자신의 예상과는 다릅니다. 모든 것이 낯설기는 하지만 편안하고 안정감 있게 진행되는 것 같습니다.

"이제 지능검사가 끝났습니다. 5분만 쉬었다 하실까요? 저도 물 좀 마시고 올게요."

시계를 보니 검사를 시작한 지 대략 1시간 10분 정도 흘렀습니다. 벌써 시간이 이렇게 흘렀나 싶을 정도로 지선이는 검사에 몰입했습니다. 지선이도 화장실에 다녀올 겸 문을 열고 나가보니, 헐레벌떡 들어오느라 제대로 보지 못했던 심리상담센터의 모습이 눈에 들어옵니다. 화장실에 다녀오면서 여기저기 흘긋 살펴보니, 개인상담을 실시할 수 있는 작은 방도 보이고, 여러 사람이 함께 둘러앉을 수 있는 큰 방도 보입니다. 조용하고 차분한 분위기입니다.

"선생님, 이제 검사가 몇 가지나 남았어요?"

"두 가지 남았어요. 하나는 그림 검사고, 또 다른 하나는 투사적 성격 검사라고 하는 로르샤흐 잉크반점 검사예요."

그림 검사라는 대답에 지선이는 은근히 반갑습니다. 종합심리검사를 받게 된 계기가 미술 치료와 미술 심리검사 때문이었으니까요. 종합심리검사에 그림 검사가 포함되어 있다는 것을 알고 내내 기다렸습니다.

"선생님, 질문해도 되나요?"

"물론입니다."

"그림 검사에 대해 어떻게 생각하세요? 면담에서 말씀드렸듯, 종합심리검사는 제가 미술 치료와 미술 심리검사에 관심 있는 것을 안 친구가 추천해준 것이거든요. 임상심리전문가로서 선생님의 의견이 궁금해요."

"지선 씨 이건 어떨까요? 일단 심리검사를 마무리한 다음, 그 질문에 대답하기로 해요."

"네, 좋아요."

지선이는 당장 대답을 듣지 못해 아쉬웠지만, 전문가의 말처럼 우선 검사를 끝내고 이야기하는 편이 더 나을 것 같다고 생각합니다.

전문가는 흰 종이와 연필, 지우개를 앞으로 내밀고 집을 그려보라고 합니다. 미술 전공인 지선이에게는 쉬운 요청입니다. 물론 집을 그리라는 말이 막막하게 느껴지지만 이내 마음속에 떠오르는 집을 그리기 시작합니다. 그다음은 나무, 그다음은 사람을 그리라고 주문합니다. 지선이는 여자아이를 그립니다. 전문가는 그림의 주인공이 여자인지 확인하고, 다른 종이를 주면서 이번에는 남자를 그려보라고 합니다.

전문가는 지선이가 그림을 그릴 때마다 질문을 던집니다. 집에 대해서는 어떤 집이냐, 누가 살고 있느냐, 분위기는 어떠냐는 질문을, 나무에 대해서는 어떤 나무냐, 나무는 지금 어떤 상태냐 하는 질문을 던집니다. 그리고 사람을 그리면, 그 사람이 무엇을 하고 있는지, 어떤 생각을 하는지, 기분은 어떤지 질문합니다. 지선이는 이런 질문에 상상력을 발휘해 성심껏 대답합니다.

"마지막으로 실시할 검사는 로르샤흐 검사입니다. 잉크반점을 떨어

제 마음도 괜찮아질까요?

뜨려서 우연하게 만들어진 모양을 보고 답하는 검사예요. 이제부터 그림 자극을 보여드릴 테니 그림이 무엇처럼 보이는지 말씀해주시면 됩니다."

전문가는 10개의 그림 자극을 차례대로 보여주면서 무엇처럼 보이는지 묻습니다. 검사의 이름처럼 그림은 잉크반점처럼 뚜렷한 형체가 있지 않지만, 자세히 보니 다양한 모양이 보이는 것 같습니다. 지선이의 대답을 들은 전문가는 지선이가 보인다고 한 것에 대해 몇 가지 추가 질문을 던집니다.

"수고하셨어요. 많이 힘들지는 않으셨어요?"

"네, 처음에는 두 시간이 언제 가나 싶었는데 검사의 종류가 다양해서 긴장도 되고 재미도 있었어요. 선생님, 괜찮으시면 아까 드렸던 질문에 답해주실 수 있나요?"

"미술 치료, 미술 심리검사에 대해 말이죠?"

"네. 심리학을 전공하는 제 친구는 별로 추천하고 싶지 않다고 했는데, 종합심리검사에도 그림을 활용한 검사 방법이 있었잖아요. 그러니 미술 작업도 사람의 마음에 대해 많은 것을 알려주지 않을까 싶어요. 선생님은 어떻게 생각하세요?"

종합심리검사에는 HTP 같은 그림 검사가 포함됩니다. 어떤 심리상담센터에서는 가족이 무엇을 하고 있는지 그리게 하는 KFD(동적 가족화, Kinetic Family Drawing)를 종합심리검사에 포함시키기도 합니다. 이런 그림 검사는 분명 다른 종류의 검사들이 제공할 수 없는 독특한 정보를

줍니다. 수검자의 내면에 있는 자신과 세상, 가족에 대한 마음을 알려주는 것이지요.

그렇다면 다른 검사 결과나 수검자에 관한 아무런 정보 없이 그림만 봐도 사람의 마음을 정확히 알 수 있을까요? 그렇지 않습니다. 심리학자가 그림 검사를 사용하는 이유는 그림 자체에 대한 기계적인 해석이 가능하기 때문이라기보다는, 그림을 그린 후 수검자와 대화하면서 수검자의 마음을 직접 듣기 위해서입니다.

"그래서 아까 선생님도 제가 그린 그림에 대해 이런저런 질문을 하신 거군요. 그렇다면 미술 치료나 미술 심리검사는 추천하지 않으시나요?"

"글쎄요. 그림만 보고 그 사람의 마음을 해석할 수 있다고 생각하진 않지만, 내담자와 더 편하게 이야기하기 위해 그림을 도구로 사용하는 것은 좋다고 생각합니다. 미술 치료를 하시는 분들을 몇 명 알고 있는데, 어떤 분은 기계적으로만 그림에 대한 해석을 남발하는 반면, 또 어떤 분은 그림을 매개로 상대방과 속 깊은 대화를 나누면서 상담하시죠. 후자의 방식이라면 저는 괜찮다고 생각해요."

지선이는 전문가의 이야기를 듣고 나니 이해가 갑니다. 간혹 미술 치료를 한다는 사람들이 하나의 그림만 가지고 마치 모든 것을 다 아는 것처럼 이야기할 때는 신기하면서도 왠지 미덥지 않았거든요. 미술을 잘 모르는 사람들은 고개를 끄덕일 수도 있지만, 오래 미술을 한 사람으로선 그림의 크기와 모양, 색깔이나 인물의 자세와 배치를 가지고 이런저런 해석을 하는 것에 신뢰감이 느껴지지 않았습니다.

그렇다고 미술 치료 대학원에 진학하는 것을 포기하겠다는 결심은 아직 서지 않습니다. 전문가의 말처럼 미술은 도구일 뿐, 그것을 어떻게 사용하느냐가 더 중요하기 때문에 자신의 역할과 능력에 따라 엄청난 가능성이 있을 것 같기도 하기 때문입니다. 대학원에 진학하는 것에 대해서는 좀 더 고민을 해봐야 할 것 같습니다.

"그럼 선생님, 검사 해석은 언제 받게 되나요?"

"오늘 경험해보셨듯이, 검사의 종류가 많다 보니 해석과 보고서 작성하는 게 까다로워서 최소 일주일 이후에 해석상담을 실시하게 됩니다. 자세한 날짜는 보고서 작성이 완료되면 심리상담센터에서 직원이 직접 전화드릴 거예요. 그때 약속을 잡고 다시 방문하시면 됩니다."

해석상담, "이런 마음이었군요."

종합심리검사를 실시한 지 2주일이 지나서야 지선이는 심리상담센터를 방문하게 되었습니다. 전문가가 검사 결과를 분석하고 보고서를 작성하는 데만 일주일이 걸리고, 이후 면담 스케줄을 조정하다 보니 또다시 일주일이 지났습니다.

"오랜만이네요. 잘 지내셨죠?"

"네, 선생님도요? 제 검사 결과는 잘 나왔나요?"

전문가는 웃음 띤 얼굴로 검사 결과에 대한 해석면담을 하기 전에 몇 가지 질문을 하겠다고 양해를 구합니다. 지선이는 전문가의 손에 들려 있는 보고서를 빨리 확인하고 싶지만 참기로 합니다.

"요즘 남들에게는 내색하기 어려운, 힘든 일이 있나요?"

어떻게 보면 뜬금없는 질문처럼 들릴 수도 있지만 지선이는 달랐습니다. 갑자기 머리가 멍해지는 느낌이 듭니다. 평범하게 들릴 수 있는 질문이지만, 지선이는 순간 울컥합니다.

어렸을 적부터 유복한 환경에서 자란 지선이는 대학을 졸업하기 전까지 돈 걱정 없이 살았습니다. 주변에 미술 재료를 구입하는 비용이 부담스러워서 고심 끝에 전공을 포기하는 친구들도 있었지만, 지선이에게는 해당되지 않는 먼 나라 이야기였습니다. 그러나 대학교 3학년이 됐을 때, 갑자기 아버지가 돌아가시면서 어려움이 찾아왔습니다. 평생 전업주부로 사셨던 어머니는 그제야 경제 활동을 해보려고 하셨지

제 마음도 괜찮아질까요?

만 몸이 약한 탓에 그마저도 어려웠습니다. 원래 지선이는 대학원에 진학하거나 아예 전업 작가로 살 계획이었지만, 경제적으로 어려워지면서 대학을 졸업하자마자 취직해야 했고, 지금까지 미술 학원에서 아이들을 가르치고 있습니다.

어머니가 외동딸인 자신에게 전적으로 의지하는 상황이라, 직장에서도 힘들고 집에서도 힘들지만 전혀 내색할 수 없습니다. 늘 밝은 척하고 다니지만, 힘들 때는 방에서 아무도 모르게 혼자 울기 일쑤입니다.

전문가는 이런 이야기를 털어놓으면서 눈물 흘리는 지선이에게 조용히 화장지를 쥐어줍니다. 지선이가 조금 더 편하게 울기를 바라는 마음에, 지선이가 말하는 중간중간 공감과 위로의 말도 건넵니다.

"제 친한 친구들에게도 안 했던 이야기를 선생님께 하게 될 줄은 몰랐어요."

"그러셨군요. 말 못 할 어려움을 혼자서만 끌어안고 있었으니 얼마나 힘드시겠어요."

"기분이 좀 이상하네요. 늘 혼자서 울었는데 말이죠."

"그런데 종합심리검사를 받으려는 목적이 원래 미술 치료 대학원에 진학하려는 것 때문 아니었나요? 지금 이야기를 들어보니 경제적으로 힘드실 것 같은데 대학원 진학을 생각하셨다고 하니 좀 궁금해요. 어떤 마음인지."

지선이는 현실에서 벗어나고 싶었다고 말합니다. 당연히 지금 당장 대학원에 갈 수는 없습니다. 생계를 유지하기도 어려운 상황에서 대학원 학비를 감당하는 것은 불가능한 게 사실입니다. 그러나 이런 답답한 현실에서 잠시나마 벗어나볼 요량으로 잠깐 생각해봤던 것이라고 말합니다.

"그런데 선생님, 왜 저에게 힘든 일이 있냐고 물어보셨어요? 사실 정말 깜짝 놀랐거든요. 마치 제가 점쟁이 앞에 있나 하는 착각마저 들었어요."

"그러셨군요. 제가 설명해드릴게요."

전문가는 자신이 작성해온 종합심리검사 보고서를 지선이 앞에 놓더니 한 장씩 넘기면서 설명을 시작합니다. 보고서 첫 장에는 지선이의 간단한 인적 사항, 그리고 실시한 심리검사의 종류가 쓰여 있고, 그 아래 심리검사를 받게 된 이유가 기록되어 있습니다. 전문가가 지선이의 행동을 관찰한 기록도 나와 있습니다.

그다음에야 비로소 검사 결과가 나옵니다. 검사 결과는 인지 및 지능, 사고 및 지각, 정서 및 사회성 세 부분으로 서술되어 있습니다. 그 안에 지선이가 실시한 다양한 검사 결과를 종합적으로 보고하는 내용이 있습니다. 특히 인지 및 지능 부분에는 웩슬러 지능검사의 결과가, 정서 및 사회성 부분에는 MMPI의 결과가 그래프와 숫자로 첨부되어 있습니다. 맨 마지막에 위치한 '요약 및 제언'에는 검사 결과에 대한 전체적인 요약과 전문가의 입장에서 하는 제안이 있습니다. 그 가운데 지선이의 눈길을 끄는 대목이 있습니다.

수검자는 높은 인지적 능력을 갖고 있으나 정서적 불편함으로 인해 자신의 능력을 충분히 발휘하지 못하고 있는 것으로 보인다. (중략) 또한 기본적인 신뢰감의 부족과 애정 욕구의 좌절감으로 인해 타인에 대한 경계심을 갖고 있으나, 이러한 자신의 마음 상태에 대해 방어적인 태도를 취하는 것으로 보인다. (중략) 이외에도 수검자는 자신의 모습이나 심리적인 상태에 있어 실제보다 더 좋아 보이려는 경향이 있어서 객관적인 자기 보고식 검사에서는 전반적으로 원만한 심리 상태를 지니고 있는 것으로 보고하였다. 그러나 수검자가 의식하지 못하는 수준에서는 높은 우울감과 불안감이 나타나기 때문에 이에 대한 추후 탐색이 필요해 보인다.

심리검사를 받으면 자신도 전혀 몰랐던 자신의 모습을 알게 될 것이라고 생각하는 사람들도 있지만 이는 사실과 전혀 다릅니다. 심리검사는 수검자의 보고를 통해 이루어지기 때문에, 전혀 생각하지 못했던 자신의 모습을 알게 되는 경우는 많지 않습니다. 이 때문에 어떤 사람들은 실망하기도 합니다. 그러나 종합심리검사는 자신이 모호하게 알던 부분을 분명하게 알 수 있을 뿐만 아니라, 종합적이고 전문적인 관점에서 자신의 모습을 알 수 있다는 특징이 있습니다.

"선생님이 저에게 힘든 일이 있냐고 물어보신 이유가 이것 때문이었군요."

심리검사 결과는 수검자에 대한 완벽한 해석을 제시하는 것이 아니라, 수검자의 마음을 정확하게 이해할 수 있는 가설을 세우도록 하는 겁니다. 검사 결과를 종합하면 수검자의 강점과 그 강점이 발휘되는 것을 막는 감정 상태 및 대인관계의 어려움을 확인할 수 있습니다.

"네, 검사 결과로 대강의 마음 상태는 알 수 있지만 구체적으로 무엇 때문에 그런 것인지 알 수 없으니, 그런 질문을 한 거예요."

"선생님, 그럼 전 앞으로 어떻게 해야 할까요? 말씀하신 부분을 해결하려면요."

"개인상담을 통해 어머니와의 관계를 자세하게 살펴볼 필요가 있어요. 지선 씨는 어머니를 위해 감정을 드러내지 않는다고 하지만, 정말 그것이 어머니를 위한 것인지 따져봐야겠죠. 그래서 조금씩 솔직하게 자신을 드러내면서 어머니와의 관계에서 편안해지고, 그다음에는 집단 상담을 통해 여러 사람과 관계를 맺으면서 자신과 타인에 대한 신뢰를 회복하면 좋겠어요."

"그게 가능할까요? 사람에 대한 불신은 중학생 때 남자애들에게 괴롭힘을 당하면서 시작됐는지도 모르겠어요. 아빠의 갑작스러운 죽음 때문에 누구도 믿을 수 없다는 생각이 자리 잡은 것일 수도 있고요."

"심리상담을 받는다고 해서 모든 것이 완벽하게 변하는 건 아니에요. 그러나 적어도 현재의 문제를 헤쳐 나갈 방법이 분명히 존재하는데도 시도해보지 않는 것이 과연 현명한 일일까요?"

"그렇겠네요. 한번 생각해볼게요."

전문가는 지선이에게 더 궁금한 것이 있으면 물어보라고 말합니다.

그러나 지선이는 머릿속이 복잡하기만 합니다. 혼자만 가지고 있던 마음을 누군가가 알아차렸다는 사실이 괴로우면서도, 차라리 잘됐다는 생각이 들기도 합니다. 평생 벗어날 수 없을 것 같았던 굴레에서 어쩌면 벗어날 수도 있겠다는 희망이 보이기 때문입니다. 그렇다고 냉큼 심리상담을 받겠다고 말할 수는 없습니다. 더 생각할 시간이 필요할 것 같습니다. 지선이가 자리에서 일어나려고 하자 전문가는 보고서를 내밉니다.

"이 보고서는 지선 씨가 가져가는 거예요."

"아, 제가요? 그래도 되나요?"

"물론이죠. 집에 돌아가서 보시다가 궁금한 점이 있으면 연락 주세요. 그리고 혹시 심리상담을 받게 되신다면, 이 보고서를 상담 선생님께 보

66

여기서 잠깐!

심리상담을 받기 전 반드시 심리검사를 받아야 할까요? 심리검사에 대한 비용 부담이 없다면 심리검사를 받는 것이 좋겠죠. 심리검사를 받는다고 해서 부작용이 있는 것은 아니니까요. 그러나 필수라고는 할 수 없습니다.

병원에서 의사가 치료를 하기 위해 반드시 검사를 해야 하는 것은 아닙니다. 환자와의 면담을 통해 증상에 대해 듣고, 의사의 관점에서 알아야 할 정보를 얻기 위해 질문을 던지는 것만으로도 가능하죠. 그러나 환자의 증상이 심각하다면 제대로 된 치료를 위해 검사를 권하는 것처럼, 마음의 어려움이 심각하다면 종합심리검사를 받는 것이 좋습니다. 검사를 통해 보다 입체적으로 마음을 이해하고, 치료의 방향을 설정할 수 있으니까요. 또한 심리상담 중간에 간단한 검사를 실시하면서, 변화와 치료의 정도를 수치로 확인할 수도 있습니다. 심리상담이 끝난 후에 심리검사를 다시 한 번 실시하면, 얼마나 호전되었는지 확인할 수 있습니다.

심리상담과 심리검사. 두 심리적 서비스는 우리의 마음을 정확하게 이해하고 제대로 된 방향으로 변화시키는 데 어울리는 좋은 짝입니다.

99

여주세요. 심리상담을 진행하실 때 많은 도움이 될 겁니다."

심리검사 결과는 전문가가 아니라면 해석하기 어렵고, 오해하기 쉬운 부분이 있습니다. 따라서 궁금한 점이 생기면 혼자 인터넷을 찾아보기보다는 전문가에게 물어봐야 합니다.

"혹시 선생님에게도 심리상담을 받을 수 있나요? 심리상담은 상담심리사에게만 받을 수 있는 건가요?"

"물론입니다. 지선 씨가 남자에 대한 부담을 극복하고 싶으시다면 오히려 제가 적격자겠죠."

어떤 사람들은 상담은 상담심리사가, 검사는 임상심리전문가가 하는 것으로 알고 있습니다. 그러나 상담심리사도 심리검사를 할 수 있고, 임상심리전문가 역시 상담을 할 수 있습니다. 물론 상담과 검사를 한 명의 전문가에게 받는 것이 가장 이상적이지만, 불가능하다면 심리검사 결과 보고서를 상담자에게 전달해주는 것이 좋습니다. 만약 심리상담을 받다가 심리검사를 받게 된다면, 상담자가 직접 검사를 진행하는 전문가에게 심리검사를 의뢰하는 것도 좋은 방법입니다.

심리상담센터를 나오는 지선이의 마음은 복잡합니다. 당장 오늘 저녁 엄마의 얼굴을 어떻게 봐야 할지 모르겠습니다. 이제 자신의 마음 상태를 정확하게 알게 된 이상 예전처럼 마음을 숨기지는 못할 것 같습니다. 그러나 느낌이 나쁘지는 않습니다. 어쨌든 지금은 자신에게 의지하고 있는 엄마이지만, 분명 엄마는 엄마니까요. 엄마와 마주 앉아 솔직하게 나의 마음을 표현하고, 엄마의 마음도 듣고 싶습니다. 필요하다면 도움을 요청할 곳이 있다는 생각에 든든하기도 합니다. 심리상담 센터에 처음 방문할 때는 잰걸음이었지만, 이제는 든든한 걸음으로 집으로 향합니다.

사람들은 심리검사의 결과가 과연 '진짜 나'일까 궁금해한다.

심리검사 결과가
진짜 나일까..?

'자기가 생각하는 꾸며낸 자신의 모습'은 아닐까 싶기도 하고.

Q) "사람들에게 친절한 편이다"

· · ·

나는 그런거 같은데..
사람들은 아니라고
생각하면 어쩌지...

어느 한 부분만 왜곡돼 두드러지는 건 아닌가 걱정하기도 한다.

이게
내 모습의
전부가 아닌데...!

각각의 심리검사는 개인의 일부만 반영하는 것이 사실이다.

하지만 심리평가는 전문가가 목적에 부합하는 답을 찾기 위해

다양한 검사 결과를 종합해 입체적으로 평가하는 과정이다.

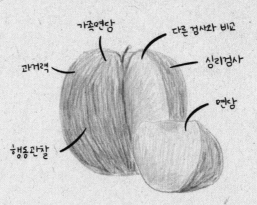

임상심리전문가들은 각 검사 결과들 간의 불일치가 있을 때

이를 해석하는 법을 아는 사람들이며

의도적인 거짓말을 탐지하는 훈련을 받은 사람들이고

결론을 내리는 사람이 아니라,

끊임없이 가설을 검증해 나가는 사람들이다.

심리검사에 보여지는 내가 '절대적인 나'는 아닐 수 있다.

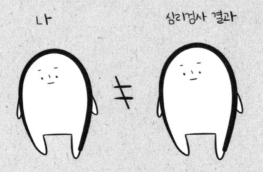

그것은 수많은 요인이 복합적으로 작용한 어느 한순간의 나이며,

규준과 비교한 상대적인 나의 모습이다.

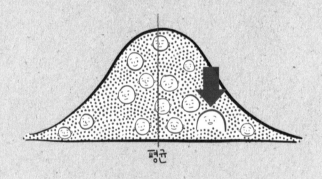

그러나 검사에 나타나는 나의 모든 파편들은

결국 나를 비추게 될 것이다.

이런
마음이었군요

　'심리상담'이라고 하면 무엇이 떠오르시나요? 예전보다 심리상담을 받는 분들도 많아졌고, 심리상담센터 간판도 간간이 보입니다. 인터넷에서 '심리상담'을 검색하면 관련 사이트와 정보가 넘쳐납니다. TV에도 심리상담가, 임상심리전문가, 놀이치료사, 음악치료사, 미술치료사, 코칭 전문가 등 관련 전문가들이 자주 등장합니다. 무엇보다 심리상담가를 장래희망으로 정하는 청소년도 많아졌습니다. 심리상담에 대한 인식이 좋아지는 것 같아 매우 고무적입니다. 그러나 기업, 도서관, 시민대학 등 다양한 곳에서 일반인을 대상으로 강의를 진행하면서 질문을 받다 보면 심리상담에 대한 오해가 여전하다는 것을 알 수 있습니다.

　"심리상담은 의지가 약한 사람들만 받는 것 아닌가요?"
　"심리상담을 받으면 기록이 남아서 나중에 불이익을 받게 되지는 않나요?"

"심리상담이 도대체 무슨 도움이 되나요? 문제를 해결해줄 순 없잖아요."

이런 편견이나 잘못된 정보를 믿고 있다면 전문가의 도움이 필요한 상황인데도 심리상담을 거부할 가능성이 높습니다. 그러면 작았던 마음의 고통이 점점 커져서 결국 감당하기 어려운 상태로 악화될 수도 있습니다. 하지만 이것이 심리상담에 대한 오해라는 사실을 알게 된다면 책의 등장인물인 은주, 석영이, 지선이처럼 심리상담실의 문을 두드리는 일이 보다 수월해질 것이라 믿습니다.

어떤 분들은 용기를 내 문을 두드리기만 하면 모든 것이 완벽하게 해결될 것이라 기대하실 수도 있지만, 그 용기가 좋은 결실로 이어지기까지는 넘어야 할 산이 적지 않습니다.

"왜 상담자는 나에게 공감이나 위로를 하기는커녕 날 혼내거나 비난하나요?"

"심리상담은 나에게 아무런 도움이 되지 않았어요. 내 문제는 여전히 내 몫이라고요!"

"상담자가 날 비웃고 조롱했어요. 심리상담 때문에 난 상처받았어요."

이런 이야기를 듣다 보면 참 속상합니다. 제대로 준비되지 않은 상담자에게 상처를 받은 것일 수도 있고, 심리상담에 대한 기대가 너무 높았기 때문일 수도 있습니다. 어렵게 찾아간 심리상담실에서 도움은커녕 불편함만 경험했다면, 두 번 다시는 심리상담실의 문을 두드리지 않을 가능성이 높습니다.

과연 심리상담을 통해 도움을 받은 사람들이 없을까요? 아닙니다. 심리상담의 효과는 과학적으로 입증되었으며, 실제로 효과를 본 사람도 많습니다. 그들의 이야기가 잘 들리지 않는 이유는 심리상담에 대한 오해와 편견 탓에 이 같은 사실을 잘 공개하지 않기 때문이죠. 그러다 보니 심리상담에 대한 부정적인 정보만 많아지고, 이를 접한 사람들은 심리상담에 대한 거부감을 더 많이 갖게 됩니다. 그러면 필요할 때 적절한 도움을 받지 못할 가능성도 높아지겠죠.

이런 면에서 심리상담에 대한 오해와 편견을 해소해주고, 제대로 안내해주어야 한다는 필요성은 오래전부터 강하게 느껴왔습니다. 이 주제로 책을 내자며 출판사에서 집필 제안을 받은 적도 여러 번이지요. 그럴 때마다 보다 적합하고 능력 있는 다른 전문가들에게 기회를 넘겼지만 결국 심리상담 안내서는 나오지 않았습니다. 왜일까요? 심리상담을 안내하는 일은 판도라의 상자를 여는 일과 같습니다. 심리상담은 한마디로 규정하기 어려운 측면이 있습니다. 그래서 누군가가 '심리상담이란 이런 것'이라고 말하는 순간 엄청난 비판과 비난을 피해 가지 못할 게 뻔합니다. 게다가 이런 글을 쓰려면 부득이하게 심리상담업계의 감추고 싶은 속살과 외면하고 싶은 현실을 드러내야 합니다. 당연히 지탄을 받게 되겠죠. 저 역시 이런 이유로 그동안 집필을 미루었고, 다른

제 마음도 괜찮아질까요?

전문가들도 마찬가지일 거라 생각합니다.

그러나 심리상담에 대한 오해와 편견 때문에 발생하는 문제점을 더 이상 외면할 수 없어서 용기를 냈습니다. 용기를 냈을 때 서늘한여름밤(이하 서밤) 님이 저와 비슷한 생각을 하고 있다는 사실을 알게 되었습니다. 세상에 나 혼자라고 생각하고 있을 그때, 옆을 돌아보니 함께 길을 가고 있던 동지를 만난 기분이었죠. 함께하자는 제안에 흔쾌히 응해준 서밤 님과 함께 이 책을 준비했습니다.

이 안내서로 누군가(주로 심리상담이 필요한 사람들)는 필요한 도움을 제대로 얻을 수 있겠지만, 누군가(주로 심리상담 분야 종사자)는 기분이 상하거나 본의 아니게 피해를 입을 수도 있을 겁니다. 하지만 요즘 같은 정보 공유의 세상에서 심리상담이라고 해서 언제까지나 비밀스럽게 남아 있을 수는 없다고 생각합니다. 소비자가 똑똑해지는 만큼 공급자도 더 발전해야 할 테니까요.

책의 내용에 대한 비판은 달게 받겠습니다. 그저 이 책이 은주처럼 심리상담센터 문 앞에서 들어가기 주저하는 이들에게는 용기가 되고, 석영이처럼 이상한 상담자를 만나서 상처받지 않게 하는 예방주사가 되며, 지선이처럼 자신의 내면을 깊이 이해하고자 하는 사람들에게 무엇을 해야 할지 알려주는 안내자가 되기를 바랄 뿐입니다.

강현식(누다심)

나의 첫 번째 심리상담

제 마음도 괜찮아질까요?

초판 1쇄 발행 2017년 9월 15일 | 초판 2쇄 발행 2017년 10월 10일

지은이 강현식(누다심), 서늘한여름밤
펴낸이 김영진

본부장 나경수 | 개발실장 박현미
개발팀장 차재호 | 책임편집 서정희
디자인팀장 박남희 | 디자인 당승근
사업실장 백주현 | 마케팅팀장 이용복 | 마케팅 우광일, 김선영, 허성배, 정유, 박세화
콘텐츠사업팀장 민현기 | 콘텐츠사업 김재호, 강소영, 정슬기
출판지원 황영아, 이주연, 이형배, 양동욱, 정재성, 강보라, 손성아

펴낸곳 (주)미래엔 | 등록 1950년 11월 1일(제16-67호)
주소 06532 서울시 서초구 신반포로 321
미래엔 고객센터 1800-8890
팩스 (02)541-8249 | 이메일 bookfolio@mirae-n.com
홈페이지 www.mirae-n.com

ISBN 978-89-378-6208-3 03180

「이 도서의 국립중앙도서관 출판시도서목록(CIP)은 서지정보유통지원시스템 홈페이지(http://seoji.nl.go.kr)와
국가자료공동목록시스템(http://www.nl.go.kr/kolisnet)에서 이용하실 수 있습니다.
(CIP제어번호: CIP2017021575)」

우리의 첫 번째 **심리상담 이야기**

차례

누구나 첫 상담은 떨린다

첫 상담은 누구에게나 긴장되고 떨리는 일입니다. 어떤 상담 선생님을 만나 어떤 경험을 하게 될지 예상할 수 없기 때문에 첫 상담 전에 불안함을 느끼는 것은 당연한 일입니다. 많은 분들이 첫 상담을 결심하기 전까지 짧게는 몇 개월, 길게는 몇 년을 고민하곤 하지요.

서밤 | 30, 여 　상담을 신청하기까지 거의 5개월을 고민했어요. '내가 상담 받을 정도로 심각한 걸까? 혼자서 해결할 수 있지 않을까?'라는 생각도 있었고, '상담 선생님이 내 이야기를 듣고 별거 아니라고 말하면 어떡하지?'라는 걱정도 있었거든요. 그래서 첫 상담을 가기 직전까지 긴장하고, 아직 만나지도 않은 상담 선생님을 불신했던 기억이 있어요. 다행히 첫 상담 시간에 제가 걱정하는 것들을 선생님께서 잘 대답해주셔서 훨씬 홀가분한 마음으로 마칠 수 있었습니다.

오픈 | 26, 여 　상담을 망설였던 데에는 여러 이유가 있었지만, 금전적인 문제가 가장 컸어요. 당시 백수로 지내고 있던 터라 상담을 받기엔

여윳돈이 충분치 않았고, 독립해서 살고 있는데 부모님께 손을 벌리자니 '내가 그 정도로 힘든가?'라는 생각이 들더라고요. 하지만 시간이 지날수록 내가 힘들다는 게 느껴졌고, 결국 가족들로부터 지원을 받아 상담을 시작할 수 있었습니다.

첫 상담을 받으러 가기 전에 내가 왜 상담을 받으려고 하는지, 어쩌다 지금의 상태에 이르렀는지를 어떻게 설명할까 생각해봤어요. 그런데 딱 꼬집어 설명하긴 힘들 것 같더라고요. 지금 내가 백수이고, 아무것도 하고 싶은 게 없고, 보잘것없는 존재라는 걸 다른 사람에게 들킬까 봐 불안하기도 했어요. 그래서 나를 포장할 수 있는 말을 고민해보기도 했습니다.

다행히 좋은 선생님께 첫 상담을 받아서 걱정했던 마음을 내려놓고 시작할 수 있었어요. 처음부터 울어버려서 끝나고 난 뒤 약간 얼떨떨하기도 했고, 갑자기 너무 많은 말들을 해서 헛헛한 느낌도 들었지만요. 바로 집에 가서 푹 잤는데, 그날은 하루 종일 아무것도 할 기력이 없었어요. 내 마음을 돌아보고 그걸 말로 표현하는 게 정신적으로도 체력적으로도 많은 에너지가 소비된다는 걸 알게 됐습니다. 이제껏 살면서 한 번도 손대지 않은 밀린 숙제를 시작한 느낌이었어요.

붕어 | 32, 남　상담 선생님에 대한 정보를 전혀 모르고 상담을 신청했던 거라서, 첫 상담에 가기 전까지 굉장히 많이 떨렸어요. 저는 세상 밖으로 나오는 걸 싫어했던 사람이었는데, 처음으로 엉금엉금 기어나가

는 기분이었달까요. 내 얘기를 그렇게 편안하게 할 수 있었던 건 처음이었던 것 같아요. '사람을 편안하게 해준다는 게 이런거구나' 하는 느낌을 받았어요.

상담 선생님께 말하기 힘든 열 가지

상담을 받다 보면 상담자에게 솔직하게 말하기 힘든 경우가 있습니다.
내담자분들이 상담자에게 솔직하게 털어놓기 어려운 주제들에는 어떤
것이 있을까요?

1 선생님이 나를 이해하지 못하는 것처럼 느껴질 때가 있는데, 사이가 껄
끄러워질까 봐 그 느낌을 사실대로 말하기 참 어려워요.

2 선생님이 너무 친근하게 느껴지는데 이게 나 혼자만의 마음인 것 같아
요. 상담에서 이런 마음을 느끼는 제가 너무 이상한 것 같아요.

3 상담 선생님께 너무 의존하게 될까 봐 두려워요.

4 선생님이 나에게 상처 주는 말을 할 때 "그런 말씀은 기분 나빠요"라고
곧바로 반박하기 어려워요.

5 우리 관계는 결국 비즈니스가 아닌지 물어보고 싶을 때가 있어요.

6 선생님이 저를 생각해서 위로해주는 건 알겠는데, 전혀 공감이 안되고
피상적으로 느껴진다고 솔직히 말하기가 힘들어요.

7 선생님이 이성적으로 좋아져서 자꾸 저의 좋은 모습만 보여주고 싶은데, 그런 내 마음을 솔직히 얘기하기 부끄러워요.

8 지금 하고 있는 상담이 제 문제를 해결하는 데 정말 도움이 되는 건지 솔직히 의심스러워요.

9 혹시 선생님이 사회의 특정 소수자 집단에 대한 편견을 가지고 있지 않은지 물어보고 싶어요.

10 상담을 종결하고 싶은데 선생님께 괜히 미안한 마음이 들어 어떻게 말을 꺼내야 할지 모르겠어요.

이런 이야기들은 상담 선생님께 직접 하는 것이 가장 좋답니다. 쉽게 꺼내기 어려운 말인 건 사실이지만, 밖에서는 할 수 없는 말들을 과감하게 해보는 연습을 하는 게 바로 상담이니까요. 솔직한 마음을 꺼내보이면 상담에서 마음이 한결 편안해질 거예요.

상담자도 할 말 있어요!

psychologist

상담 선생님들도 상담을 진행하면서, 감정을 지닌 한 사람이자 직업인으로서 다양한 경험을 합니다. 상담자들이 이야기하는 상담자로서 느끼는 감정과 고민들을 소개합니다.

상담자도 긴장합니다

초보상담러 | 임상심리전문가 2급　　첫 상담을 할 때 내담자도 긴장을 하지만, 상담자도 어느 정도 긴장합니다. 상담자는 눈 앞에 앉아 있는 내담자의 모든 것을 꿰뚫고 있는 게 아니라, 사뭇 긴장하면서 내담자에게 공감과 위로를 표현하고 변화를 이끌어내는 데 가장 효과적인 단어와 문장을 고르기 위해 신중을 기하고 있답니다.

상담자도 말하지 않으면 몰라요

독심술사 | 상담심리사 2급　　심리상담에서는 대화를 통해 서로를 제대로 알아나갈 수 있어요. 물론 상담자가 '그럴 수 있겠지'라고 짐작할 순 있지만, 그것은 결국 내담자의 얘기가 아니라 상담자의 얘기가 되지요.

힘들어도 내담자가 하나씩 직접 말로 표현해보면서 확실한 자기만의 경험을 저와 나눌 수 있으면 좋겠습니다.

🙂 '상담은 어차피 비즈니스 관계'라고 말하면 속상해요

돈워리 | 상담심리사 1급   상담은 일종의 계약 관계이므로 '비즈니스'라고 말할 수도 있겠죠. 그렇지만 상담자는 최소한 내담자와 마주 앉은 그 시간만큼은 내담자에게 '매우, 무지, 많은' 관심을 기울이고 있어요! 상담 시간이 끝났다고, '쌩'하고 관심을 끄지도 않고요. 사람과 사람이 만나 관계를 맺는 작업이니만큼 상담자는 내담자를 단순한 금전적 계약 관계로만 여기지 않는답니다.

🙂 상담자가 '듣기만' 하는 건 아니에요

프로리쓰너 | 상담심리사 2급   상담자는 아~~~주 많이 듣습니다. 내담자의 문제는 내담자가 오랫동안 겪어왔기 때문에 깊이 들어야 할 가치가 충분하니까요. 상담자는 '전문적으로' 듣습니다. 상담자의 세계가 아닌, 내담자의 세계에서 최대한 편견 없이 듣습니다. 또 상담자는 '듣기만' 하지는 않아요. 필요하다면 자연스럽게 내담자에게 피드백도 합니다. 하지만 일방적인 조언은 경계하고 신중히 하려고 해요. 내담자의 삶의 방향은 결국 내담자의 몫이니까요. 상담자의 조언을 실행하기로 선택하는 것도 내담자의 힘입니다.

상담자는 판사가 아니에요

상담붕어 | 임상심리전문가 1급　　자신의 고민에 대해 상담자가 "예, 아니오"로 신속한 결론을 내려주길 바라는 분들도 계세요. 결정에 따른 예상 결과를 함께 생각해 볼 수는 있지만, 어떤 결정을 하는 것이 좋을지 확답을 주는 것은 내담자를 위해서도 바람직하지 않다고 생각해요. 종종 확답을 곧바로 주지 않으면 '상담은 도움이 안 된다'라는 결론을 성급히 내리시는 분들이 있어서 난감해요.

상담자도 완벽한 인간은 아니랍니다

저스트휴먼 | 상담심리사 1급　　상담자도 평범한 사람이라 완벽한 말만 할 수는 없는데, 상담자의 말을 무조건적으로 받아들이는 경우 오히려 걱정이 됩니다. 상담자의 생각이나 의견을 귀 기울여 듣는 것은 감사하지만, 무조건 상담자의 말을 받아들였다가 어느 순간 자신의 기대와 다른 상담자의 모습이 보이면 더 크게 실망하게 될 수 있어요.

상담자도 속상할 때가 있습니다

운디드힐러 | 상담심리사 1급　　상담자 입장에서는 내담자에게 변화를 독려하는 처방이 필요할 때도 있어요. 그럴 때 내담자가 "선생님은 저를 이해 못하잖아요. 저한테 관심도 없으면서!"라고 말하면 조금 서운해지기도 합니다. 그러면서도 한편으로는 저렇게 말이라도 해주니 마음이 놓이고 고마워지기도 해요. 적어도 아무런 표현도 하지 않은 채 도망가진

않겠구나 하는 생각이 들거든요.

상담자도 전문성에 대한 정당한 대우를 받고 싶습니다

로저스 | 상담심리사 2급　　　상담 비용에 대해 "너무 비싸다, 비용이 부담스러워서 못 받겠다"라고 얘기하시는 분들이 있어요. 물론 상담비가 꽤 큰 금액일 수 있습니다. 하지만 한 시간의 상담을 위해 상담자는 오랜 시간 전문적인 훈련을 받고, 상담 시간 동안 내담자를 이해하기 위해 혼신의 에너지를 기울입니다. 전문성을 요하는 세심한 작업이니만큼 정당한 대가를 받고 싶습니다.

저도 심리전문가가 되고 싶어요

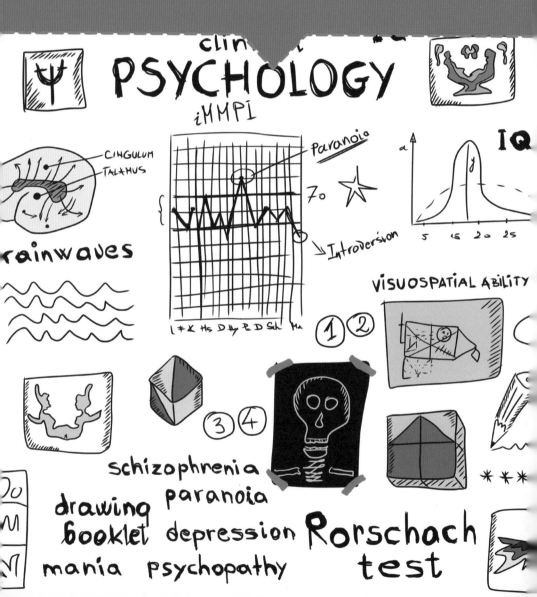

심리상담과 심리치료를 하시는 전문가 선생님들은 전문가가 되기 위해 오랜 시간 훈련을 받아야 합니다. 관련 자격증에는 여러 가지가 있지만, 대표적으로 한국심리학회에서 발급하는 다음의 두 자격증을 기준으로 설명을 드립니다. (『제 마음도 괜찮아질까요?』 160쪽 참조)

❝

상담심리사

상담심리사가 되기 위해서는 대학원 졸업 후 3년 이상의 상담 경력이 필요합니다. 최소한 400회기 이상의 심리상담을 실시해야 하며 집단상담도 30시간 이상 참여하고 직접 진행해야 합니다. 심리평가도 최소 스무 번 이상 직접 해야 하며 다양한 학술 및 연구 활동에 참여해야 합니다(1급 기준). 한 개인의 이야기를 온전히 받아들일 수 있는 전문가가 되기 위해 적어도 3~5년 동안 수많은 상담과 교육을 받으며 노력합니다.

임상심리전문가

임상심리전문가가 되기 위해서는 연 1000시간 이상 3년의 수련 과정을 거쳐야 합니다. 석사 과정에서 임상심리학을 전공해야 하고 졸업 후 2~3년의 수련 과정을 거칩니다. 이 기간 동안 심리평가는 최소 300시간 이상, 심리치료 300시간 이상, 심리치료에 대한 사례 발표를 2회 이상 실시해야 하며 연구 논문도 한 편 이상 발표합니다. 여기

쓴 것은 최소한의 기준일 뿐 3년의 시간 동안 밤을 지새워가면서 내담자들의 심리적
상태를 평가하고 이에 개입하는 방법에 대한 훈련을 받습니다.

99

요즘 심리학자가 유망직종이다, 심리상담 업계가 블루오션이라는
말이 종종 들립니다. 그런데 사실 이 말은 50년 전부터 있어 왔답니다.
(^^) 여러분, 주변을 둘러보세요. 심리상담을 받아 봤다는 사람이 얼마
나 있는지. 사실 심리상담가는 높은 교육 수준과 전문성에도 불구하고
사회적으로나 경제적으로 그에 걸맞는 보상을 받기 힘든 직업입니다.
만약 이 분야로 진로를 생각하고 있다면 현실적인 조건들도 고려했으
면 좋겠습니다. 하지만 이 모든 현실에도 불구하고 일에 대한 만족도는
대체로 높은 편이랍니다.

‘사짜 상담가’에게 이렇게 당했다!
어떻게 피해야 할까?

심리상담에 대한 정보는 많지 않고 접근하기도 어렵기 때문에 심리상담을 가장한 사기 및 범죄 행각에 피해를 보시는 분들이 많습니다. 심리상담을 받을 때에는 전문가의 자격증을 꼭 확인해서 제대로 된 서비스를 받으세요!

1) 종교 강요

전형적인 수법 길에서 자신을 심리학과 대학원생이라고 소개하면서 간단한 (그림)심리검사를 무료로 해주겠다고 접근한다. 혹은 연구를 위해 검사를 실시해야 하는데 참여해줄 수 있냐고 물어보는 경우도 있다. 이후 그림 검사의 결과를 해석해주겠다며 연락처를 받아내고 '당신에게만 특별히' 무료로 상담을 해주겠다고 제안한다. 이때, 무료로 상담을 해주는 것은 이례적인 일이기 때문에 비밀을 보장해 달라면서 입막음하는 경우가 대부분이다. 처음에는 진짜 심리상담인 척 접근하지만 이후에 독서치료가 효과적이라면서 종교 서적을 들고 온다. 이후 종교를 통해 심리치료를 하라면서 본격적으로 전도를 시작한다. 이런 식으로 전도를 할 때 사이비 종파인 경우가 많기 때문에 더욱 주의가 필요하다.

피해 사례　길을 가는데 갑자기 본인이 심리학과 대학원생이라면서 그림 검사를 해주겠다고 하더라고요. 실제 그 학교 재직 중인 심리학과 교수님 이름까지 말하길래 진짜 대학원생인 줄 알았어요. 저에게 그림을 그려 보라고 하더니 해석해주겠다면서 연락처를 요구하더라고요. 나중에 연락이 와서 직접 만나 얘기를 나눠보니 자꾸 종교를 강요하는 듯한 느낌이 들어 연락을 끊었는데, 이후로도 계속 전화로 전도하려고 해서 기분 나빴어요.

피하는 방법　길에서 무료로 심리검사(도형/그림 검사)를 해주겠다고 하면 전도 활동일 확률이 99퍼센트. 종교 활동을 하고 싶은 게 아니라면 피하는 것이 좋다. 어떤 심리 서비스이든 '특별히', '공짜로' 해준다고 말하면 일단 의심하는 것이 좋다.

2) 가짜 전문가

전형적인 수법　전문적인 교육을 받지 않고 '심리상담'이라는 타이틀을 붙여 본인의 개똥철학을 전파하는 경우가 많다. 주로 획기적인 치료 방법과 짧은 치료 기간, 완벽한 완치율을 내세우면서 광고한다. 보통 발달장애와 중증 정신질환처럼 치료 기간이 길거나 완치가 힘들거나 재발이 잦은 질환을 타겟으로 삼는다. 또는 사기 피해를 당하더라도 그 사실을 말하기 힘들만한 사람들(예를 들어, 불륜 피해자나 성적인 문제가 있는 사람들)을 공략한다. 본인이 직접 개발한 심리치료라면서 시중의 심리상담 가격보다 월등히 비싼 가격을 부르는 경우가 허다하다.

피해 사례　인터넷에서 검색했는데 블로거들의 후기가 많고, 홈페이지에도 언론에 자주 소개된 곳이라고 광고해서 믿고 찾아갔어요. 그런데 상담 선생님이 너무 권위적이고 상담이 아니라 약간 훈계하듯 말씀을 하시더라고요. 그러면서 제 문제를 고치려면 특별한 상담을 해야 하는데, 원장 선생님만 하실 수 있는거라 가격이 비싸다고 했어요. 학부생 시절에 교양과목으로 심리학을 배웠는데, 그때 배웠던 상담자의 태도와 그 선생님의 상담 방식이 너무 달라서 나중에 홈페이지를 꼼꼼히 살펴보니 그곳에는 제대로된 자격증을 갖춘 상담자가 한 명도 없더군요.

피하는 방법　심리치료자의 자격증을 확인하는 것이 중요하다. 치료자가 언론에 몇 번이나 나왔든, 치료 효과에 대해 얼마나 많은 간증(?)이 있든 가장 중요하게 확인해야 할 것은 전문적인 자격의 여부다. 또한 '완치 보장', '기존의 치료법과는 다른 독창적인 접근법' 등 자극적인 문구를 사용하는 상담센터라면 제대로 된 곳이 맞는지 거듭 확인하는 것이 좋다.

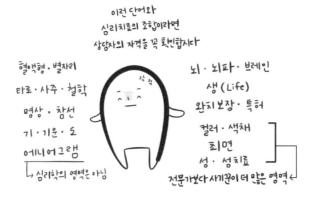

3) 범죄 행각

전형적인 수법　상담실에서 일어나는 범죄 중 가장 흔한 것은 성추행과 성희롱이다. 처음에는 위로한다는 핑계로 가볍게 어깨나 손을 터치하는 것으로 시작하여 "네가 정말 예쁘다", "너에게 성적으로 끌리는 것 같다"며 언어적 성희롱을 한다. 내담자가 상담자에게 호감을 가지면, 그 마음을 이용하여 "내담자에게 이러면 안되지만, 너는 정말 특별하다. 이런 적 처음이다"라는 식으로 부적절한 관계를 유도한다. 내담자에게 같이 여행을 가자며 사적인 약속을 잡는 경우도 있다.

피해 사례　처음에는 상담 선생님이 원래 내담자들과 격의 없는 관계를 추구하는 분인가보다 하고 생각했어요. 상담할 때 저를 사적으로 대하고, 남자 선생님인데 셔츠 앞 단추를 과도하게 풀고 있거나, 같이 놀러 가자는 등 상식적이지 않은 말을 아무렇지 않게 하시더라고요. 이후에도 상담하면서 저에게 몇 번이나 수치심이 들만한 발언을 해서 상담을 그만두게 되었어요. 저 외에도 여성 내담자들에게 이런 식의 행동을 습관적으로 하시는 분 아닌가 싶었어요.

피하는 법　상담자가 부적절한 접촉 및 언어적·신체적 성희롱을 시도할 경우 상담을 즉각 중단하고 경찰에 신고해야 한다. 만약 그 상담자가 한국심리학회 산하 자격증을 가지고 있는 전문가라면 해당 학회에 보고해서 자격증을 박탈시키는 것이 바람직하다.

나는 훨씬 나아졌어

<이게 다야, 하지만 나는 편안해졌어>

달려라하니 | 35　서밤의 페이스북 페이지 중 상담 받기 꺼려지는 이유에 관한 포스팅에서 '심리상담보다는 여행 가는 게 낫다고 느껴진다'는 댓글을 본 적이 있다. 하지만 서밤이 그림일기에서 말했듯이 해외여행한 번 간다고 생각하고 심리상담을 받는 것은 매우 좋은 선택인 것 같다. 나도 해외여행을 길게 가는 대신 심리상담을 받았다.

　여행을 가면 고민을 잊어버린 듯한 착각이 든다. 그러나 현실로 돌아오면 같은 고민의 쳇바퀴로 다시 들어가게 된다. 한편, 심리상담은 일상에서 내 고민에 '직면'할 수 있는 기회를 준다.

　내 문제는 같은 맥락에서 되풀이 되고 있었다. 그렇지만 한번도 그것을 제대로 직면할 기회는 없었다. 그래서 나는 심리상담을 받기로 결심했던 것이다.

　상담은 대략 10회 정도 진행했다. 상담 선생님이 무슨 처방을 딱 내려주는 것도 아니고, 상담을 받고 나서 나에게 드라마틱한 변화가 찾아오거나 고민이 싹 해결된 것은 아니다. 그렇지만 나에게 찾아온 변화한 가지는 관계에서 가면을 덜 쓰게 되었다는 점이다. 관계 속에서 으레 '이렇게 해야 한다'는 나만의 바보같은 기준을 버릴 수 있게 되었다.

지금 나는 여유롭고 편안하다. 여러 모습으로 변주되던 나의 그 고민이 말끔히 해소된 것도 아니다. 단지, 그 고민을 안고 살아가는데도 이상하게 좀 편해졌다.

이게 다냐고 묻는 사람이 있을지도 모르겠다. 그런데 나로서는 저 간단해 보이는 게 참 힘든 일이었는데, 스스로 의식할 수 있을 정도로 마음의 안정이 느껴진다는 것이 참 신기하다.

마음의 안정이 가져다 준 것이 또 있다.

'꼭 이렇게 하지 않아도 된다'는 작은 용기다. 내가 부당하게 고수하던 걸 버릴 수 있게 해주는 용기 말이다. 앞으로도 많은 갈등을 겪게 될 것이고 비슷한 고민에 어쩔 줄 몰라 하겠지만, 그래도 나는 그 용기를 가지고 어떤 시도라도 해볼 수 있을 것 같은 자신이 생겼다.

〈이건 누구에게라도 자랑할만한 일이니까〉

K | 23 내가 상담을 받은 건 가족 내의 고질적인 문제 때문이었다. 어린 시절 아버지는 어머니를 심하게 때렸고, 부모님이 어렵게 이혼한 후에도 나는 아버지에 대한 트라우마에서 벗어나는 데 시간이 꽤 걸렸다. 아버지가 사라지자, 이번엔 남동생이 나를 때리기 시작했다. 멍이 들거나 부을 정도로 맞은 적은 딱 한 번뿐이었고, 그 뒤로는 그저 소리지르고 물건을 던지고 발로 미는 정도의 폭력이었는데, 나는 죽도록 두들겨

맞은 사람처럼 벌벌 떨면서 심각한 패닉에 빠졌다.

학부생 주제에 호기롭게 백만 원이 든 체크카드만 들고 나와 독립했지만, 우울감은 지속되었다. 나중에는 내가 왜 이렇게 됐는지도 기억나지 않았다. 그저 모든 게 망가진 느낌만 들었다.

나는 그 느낌을 더는 견딜 수 없었다. 이러다 진짜 기진맥진해서 인생을 끝장낼 것 같았다. 자살하는 게 남의 일이 아니다 싶었다. 그래서 마침내 심리상담센터에 전화를 걸었다.

총 15회의 상담이 끝난 지금, 우리 가족은 어떻게 되었을까? 스스로를 치유한 나의 눈물겨운 노력에 힘입어, 모두 행복하고 완전한 가족이 되었을까?

나는 그런 걸 기대하지도 않았고 실제로도 그렇게 되지 않았다. 그래도 나는 상담이 어느 정도 진행되었을 즈음, 반드시 내 경험을 나누겠다고 다짐했다. 지금부터는 상담을 통해 내가 바뀐 점을 써보려고 한다.

먼저 소속감을 원하게 되었다. 나는 원래 친밀한 집단에 소속되는 것을 좋아했다. 그러나 상태가 나빠지면서 아무도 만나고 싶지 않았고, 타인에게 나를 이해해달라고 말하거나 힘들다고 털어놓기도 싫었다. 그런데 상담을 받으면서 어딘가에 소속되고 싶다는 느낌이 강하게 들기 시작했다. '이 공허함을 사람으로라도 채우겠어!'라는 게 아니라, 여러 사람과 건강하고 끈끈하게 관계를 맺고 싶다는 욕구가 생긴 것이다.

그리고 원하는 것을 쉽게 포기하지 않게 되었다. 에너지가 없을 때는 어딜 가고 싶지도, 뭘 먹고 싶지도, 어떤 것을 하고 싶지도 않았다. 간혹 원하는 것이 생겨도 너무 지쳤기 때문에 다 때려치우고 '어차피 난 가질 수 없어'라는 생각만 반복했다. 그러나 상담이 진행될수록 의외로 내가 가보고 싶은 곳도 많고 먹고 싶은 것도 많다는 걸 알게 되었다. 정확히 말하자면, 마침내 '원하는 것을 원할 힘'이 충전된 것이다.

그러더니 마침내 일과를 끝내고 돌아오는 길에 울지 않게 되었다. 예전에는 학교에서 돌아올 때, 과외를 끝내고 올 때, 아르바이트를 끝내고 올 때, 하다못해 친구를 만나고 집에 오는 길에도 나는 무조건 울었다. 멀쩡하게 무엇이든 잘 마무리 하고 와서 진심으로 '아, 오늘은 괜찮았어'라고 생각했는데, 집으로 돌아오는 길에는 무작정 눈물이 났다. 차도를 따라 걸으면서 울고, 그러다 보면 울음소리를 참지 못하겠고, 소리를 못 참으면 걸을 수가 없었다. 길바닥에 주저앉아 시도 때도 없이 엉엉 울었다. 그러나 상담을 받고 점차 나아지면서 이런 일이 없어졌다. 지금은 어딜 다녀오면, 평범하게 피곤하고 평범하게 씻고 싶다.

마지막으로 다른 사람, 특히 가족들에게 내 마음을 말할 수 있게 되었다(혹은 그러고 싶다고 생각하게 되었다). '내가 이 말을 하면 상처받을 거야'와 같은 두려움 때문에 무작정 입을 다무는 게 아니라, 어떻게 하면 차분하게 내 마음을 전달할 수 있을지 고민하게 되었다. 물론 내 마음을 말한다고 해서 상대방이 무작정 변해줄 리는 없다. 긍정적으로 받아들여준 경우도 있고 역효과가 난 경우도 있다. 그래도 나는 점차 내 마음과 의견을 주장하는 법을 배워가고 있다. 평생 그러지 못할 것이라고 생각했는데도 말이다.

사실 이거 말고도 되게 많은데, 나아진 지가 꽤 돼서 내가 특별히 기억하려고 노력한 것 말고는 떠오르지 않는다. (^^) 아무튼 나는 종합적으로 좋아졌다.

상담 선생님과 함께하며 나의 실체 없는 불안과 나를 붙잡고 있는 족쇄를 하나씩 인지하고 풀어 나갔다. 그중 몇 개는 아직도 혼자서 차근차근 푸는 중이다. 물론 이러다 영영 못 푸는 게 아닌가 싶은 것도 있다. 어쩌면 나는 앞으로도 늘 같은 자리에 걸려 넘어질 지도 모른다. 그래도 이제는 훨씬 나아졌다. 그 자리에 돌부리가 있다는 걸 아니까.

누다심 × 서늘한여름밤의 특급 콜라보레이션

당신의 마음도 관리가 필요합니다